FISCHER BIBLIOTHEK

Virginia Woolf

FLUSH

Die Geschichte eines berühmten Hundes

Mit einem Nachwort von Günter Blöcker

S. Fischer Verlag

Übersetzung von
Herberth E. und Marlys Herlitschka

5. Auflage: 20.-22. Tausend
Die englische Originalausgabe erschien
unter dem Titel ›Flush/A Biography‹

Die deutsche Erstausgabe erschien 1934 beim S. Fischer Verlag, Berlin.

Umschlagentwurf: Hannes Jähn
Satz und Druck: Georg Wagner, Nördlingen
Einband: G. Lachenmaier, Reutlingen
Printed in Germany 1983
ISBN 3 10 092508 4

Erstes Kapitel

AUF DEN WIESEN

Es wird allgemein zugegeben, daß die Familie, von welcher der Gegenstand dieser Lebensbeschreibung seine Abstammung herleitet, in älteste Zeiten zurückreicht. Also ist es nicht verwunderlich, wenn sogar der Ursprung des Namens sich im Dunkel verliert. Vor vielen Jahrmillionen brodelte das Land, das heute Spanien genannt wird, unruhig im Gären der Schöpfung. Weltalter vergingen, Pflanzenwuchs tauchte auf; wo es Pflanzenwuchs gibt, da sollen, hat die Natur bestimmt, Kaninchen sein; wo Kaninchen sind, da hat die Vorsehung dafür gesorgt, daß es Hunde gibt. Daran ist nichts, was eine Frage hervorriefe oder einer Erläuterung bedürfte. Wenn wir aber zu wissen begehren, warum der Hund, der das Kaninchen fing, Spaniel genannt wurde, dann beginnen die Zweifel und Schwierigkeiten. Manche Geschichtsschreiber behaupten, als die Karthager in Spanien landeten, hätten ihre Soldaten wie aus einem Mund: »Span! Span!« gerufen. Denn Kaninchen flitzten aus jedem Gestrüpp, aus jedem Gebüsch. Das Land wimmelte von Kaninchen, und *span* bedeutet in der karthagischen Sprache Kaninchen. Darum wurde das Land Hispanien oder Kaninchenland genannt, und die Hunde, die fast allsogleich dabei angetroffen wurden, wie sie in voller Hatz hinter den Kaninchen her waren, erhielten den Namen Spaniel oder Kaninchenhund.

Viele wären zufrieden, es dabei bewenden zu lassen; aber die Wahrheit zwingt uns, hinzuzufügen, daß es auch Vertreter einer andern Meinung gibt. Das Wort Hispanien, so sagen diese Gelehrten, habe gar nichts mit dem karthagischen Wort *span* zu tun. Hispanien komme von dem baskischen Wort *españa*, welches Rand oder Grenze bedeutet. Wenn dem so ist, dann müssen wir uns Kaninchen, Gebüsche, Hunde, Soldaten – dieses ganze romantische und gefällige Bild – aus dem Sinn schlagen und einfach annehmen, daß diese Hundeart Spaniel genannt wird, weil Spanien España heißt. Was die Behauptung der dritten Schule von Altertumsforschern betrifft, daß nämlich, ebenso wie einer sein Liebchen Scheusal oder Schnecke nennt, die Spanier ihre Lieblingshunde ruppig oder struppig nannten (dem Wort *españa* lassen sich diese Bedeutungen beilegen), weil ein Spaniel bekanntlich das Gegenteil davon ist, – so ist das eine zu phantastische Mutmaßung, um sie ernsthaft zu hegen.

Diese Theorien und noch viele mehr, die uns hier nicht aufzuhalten brauchen, übergehend, gelangen wir um die Mitte des zehnten Jahrhunderts nach

Wales. Der Spaniel ist schon hier; wie manche behaupten, von dem spanischen Stamm Ebhor oder Ivor Jahrhunderte früher mitgebracht, und ganz gewiß um die Mitte des zehnten Jahrhunderts ein Hund von hohem Ruf und Wert. »Der Spaniel des Königs hat den Wert eines Pfunds«, setzte Howell Dha in seinem *Buch der Gesetze* fest, und wenn wir bedenken, was man mit einem Pfund im Jahre 948 n. Chr. alles kaufen konnte – wieviele Weiber, Sklaven, Pferde, Ochsen, Truthähne und Gänse – ist es klar, daß der Spaniel schon ein hochgeschätzter und angesehener Hund war. Er hatte bereits seinen Platz an der Seite des Königs.
Seine Familie wurde lange vor denen vieler berühmter Herrscher schon in Ehren gehalten. Er ließ es sich in Palästen wohlsein, als die Plantagenet und die Tudor und die Stuart hinter andrer Leute Pflug auf andrer Leute Scholle herschritten. Lange bevor die Howard, die Cavendish oder die Russell sich über die große Masse der Smith, Jones und Tomkin erhoben hatten, waren die Spaniel schon eine besondere, eine hervorragende Familie. Und indes die Jahrhunderte hingingen, zweigten jüngere Linien von dem alten Stamm ab. Nach und nach treten, während die Geschichte Englands ihren Lauf nimmt, mindestens sieben berühmte Spanielfamilien auf – die Clumber-, Sussex-, Norfolk-, Blackfield- und Cockerspaniels, die irischen und die eng-

lischen Wasserspaniels – die alle von dem Urspaniel vorgeschichtlicher Zeiten abstammten, aber unterschiedliche Eigenheiten aufwiesen und daher zweifellos ebenso unterschiedliche Vorrechte beanspruchten. Daß es zur Zeit, als Königin Elisabeth auf dem Thron saß, eine Aristokratie der Hunde gab, dafür ist Sir Philip Sidney Zeuge. ». . . Windspiele, Spaniels und Hetzhunde«, zählt er auf, »wovon die ersten als der Hochadel, die zweiten als der niedere Adel und die letzten als die Freisassen der Hunde gelten können«, – so schreibt er in seiner *Arcadia*.

Wenn wir aber dadurch zu der Annahme geführt werden, daß die Spaniels menschlichem Beispiel folgten und zu den Windspielen als einer höhern Kaste aufblickten, müssen wir zugeben, daß ihre Aristokratie auf bessern Gründen aufgebaut war als die unsre. Zu dieser Schlußfolgerung muß jedenfalls gelangen, wer die Satzungen des Spanielklubs studiert. Von dieser erlauchten Körperschaft wurde eindeutig festgelegt, was die Fehler und was die Vorzüge eines Spaniels ausmacht. Helle Augen, zum Beispiel, sind unerwünscht; glatte Ohren sind noch schlimmer; mit einer hellen Nase oder einem Haarschopf geboren zu sein, ist gradezu verhängnisvoll. Die Vorzüge des Spaniels sind ebenso klar definiert. Sein Kopf muß glatt sein, ohne allzu ausgeprägte Wölbung von der Schnauze aufsteigen,

der Schädel verhältnismäßig rund und gut entwikkelt, mit reichlich viel Raum für Verstandeskräfte; die Augen müssen rundlich, dürfen aber nicht kugelig sein; im allgemeinen soll der Ausdruck Intelligenz und Sanftmut verraten. Der Spaniel, der diese Merkmale aufweist, wird gefördert und zur Zucht verwendet; dem Spaniel, der dabei beharrt, Haarschöpfe und helle Augen fortzupflanzen, wird der Weg zu den seiner Art erreichbaren Vorrechten und Begünstigungen abgeschnitten. So legen diese Richter es in Gesetzen fest und teilen Strafen und Belohnungen aus, die gewährleisten, daß die Gesetze befolgt werden.
Wenn wir uns nun aber der menschlichen Gesellschaft zuwenden, welches Chaos, welches Durcheinander bietet sich da dem Blick! Kein Klub hat eine solche gesetzgeberische Gewalt über das Menschengeschlecht. Das Heroldsamt kommt unter allen unsern Einrichtungen dem Spanielklub noch am nächsten. Es macht wenigstens einigermaßen den Versuch, die Gattung Mensch rein zu erhalten. Doch wenn wir fragen, worin denn edle Abkunft bestehe – ob unsre Augen hell oder dunkel, unsre Ohren gelockt oder glatt sein sollen, Haarschöpfe verhängnisvoll seien, verweisen uns diese Richter nur auf unser Wappenschild. Du hast vielleicht keins: dann bist du niemand. Aber belege deinen Anspruch auf ein sechzehnfach geviertes, beweise

dein Anrecht auf ein Krönlein, und sie sagen dir, daß du nicht nur geboren, sondern obendrein hochwohlgeboren bist. Daher kommt es, daß keinem Warmhalterdeckel in ganz Mayfair sein liegender Löwe oder seine steigende Seejungfrau fehlt. Sogar unsre Weißwarenhändler befestigen das königliche Wappen über ihrer Tür, als wäre dies ein Beweis, daß es sich wohlgeborgen zwischen ihren Laken schlafen lasse. Überall wird Rang beansprucht, werden seine Vorrechte geltend gemacht. Doch wenn wir daran gehn, die allerhöchsten Herrscherhäuser Bourbon, Habsburg und Hohenzollern zu überblicken, welche mit wer weiß wie vielen Kronen und Wappenfeldern geziert sind, von wer weiß wie vielen liegenden und steigenden Löwen und Leoparden wimmeln, und sie nun in der Verbannung finden, abgesetzt und für unwert der Hochschätzung gehalten, da können wir nur den Kopf schütteln und zugeben, daß die Richter des Spanielklubs ein viel besseres Urteil hatten. Das ist die Lehre, die sich uns aufdrängt, sobald wir uns von diesen erhabenen Regionen abwenden, um Kindheit und Jugend des Hundes Flush in der Familie der Mitford zu betrachten.

Gegen Ende des achtzehnten Jahrhunderts lebte ein Zweig der berühmten Spanielsippe in der Nähe von Reading im Haus eines gewissen Doktors Midford oder Mitford. Diesem Herrn beliebte, seinen Namen, gemäß dem Kanon des Heroldsamts, mit einem »t« zu schreiben, und er machte so seine Abkunft von der northumberländischen Familie der Mitford auf Bertram Castle geltend. Seine Gemahlin war eine Miss Russell und entstammte, wenn auch entfernt, doch ganz unzweifelhaft dem Geschlecht der Herzöge von Bedford. Die Paarungen der Vorfahren Dr. Mitfords aber waren mit so leichtsinniger Außerachtlassung aller Grundsätze der Zuchtwahl erfolgt, daß kein Richterkollegium seinem Anspruch, wohlgeboren zu sein, stattgegeben oder ihm erlaubt hätte, seine Linie fortzusetzen. Seine Augen waren hell; seine Ohren waren glatt; sein Kopf wies den verhängnisvollen Haarschopf auf. Mit andern Worten, er war äußerst selbstisch, bedenkenlos verschwenderisch, unaufrichtig, ein Weltling und Gewohnheitsspieler. Er vergeudete sein eignes Vermögen, das seiner Frau und die Erträgnisse des Fleißes seiner Tochter. Er ließ die beiden im Stich, als er noch wohlhabend war, und schmarotzte bei ihnen, als es ihm schlecht ging. Zwei Eigenschaften sprachen allerdings zu seinen Gunsten: große Schönheit – er glich einem Apoll, bis Völlerei und Unmäßigkeit den Apoll in einen Bacchus verwandelten, – und eine echte Liebe zu Hunden. Doch darüber kann kein Zweifel bestehn, daß ihn, hätte es einen dem Spanielklub entsprechenden Menschenklub gegeben, auch das

Schreiben von Mitford mit einem »t« statt mit einem »d«, auch das Geltendmachen einer Verwandtschaft mit den Mitford auf Bertram Castle nicht vor Schmach und Schande bewahrt hätten, vor allen Folgen von Acht und Bann, vor dem Gebrandmarktwerden als ein Köter, ungeeignet, die echte Art fortzupflanzen. Aber er war ein Mensch. Nichts hinderte ihn daher, eine Dame von Geburt und Erziehung zu heiraten, über achtzig Jahre alt zu werden, mehrere Generationen von Windspielen und Spaniels zu besitzen und eine Tochter zu zeugen.

Alle Nachforschungen, um mit einiger Sicherheit das Geburtsjahr des Hundes Flush festzustellen, geschweige den Monat oder den Tag, sind erfolglos geblieben; aber es ist anzunehmen, daß er zu Anfang des Jahres 1842 geboren wurde. Es ist ferner wahrscheinlich, daß er in gerader Linie von Tray (um 1816) abstammte, dessen Merkmale, leider nur im unzuverlässigen Medium der Poesie aufbewahrt, beweisen, daß er ein roter Cockerspaniel von hervorragenden Eigenschaften gewesen ist. Alles spricht dafür, daß Flush der Sohn jenes »echten alten Cocking Spaniels« war, für den Dr. Mitford »in Anbetracht seiner ausgezeichneten Leistungen im Revier« zwanzig Guineen ausschlug. Auf die Poesie müssen wir uns leider auch verlassen, was unsre ausführlichste Beschreibung des jungen Hundes Flush selbst betrifft. Er war von diesem besondern Dunkelbraun, das in der Sonne »ganz von Gold durchwoben blinkt«. Er hatte »staunende Augen von sanftestem Haselbraun«. Seine Ohren waren »bequastet«, seine »schlanken Füße« hatten einen »Fransenbaldachin« und sein Schwanz war breit. Wenn man die Erfordernisse des Reimens und die Ungenauigkeit poetischer Sprache in Anschlag bringt, ist an alledem nichts, was nicht die Billigung des Spanielklubs fände. Wir können nicht daran zweifeln, daß Flush ein reinrassiger Cocker von der roten Abart und durch alle ihre charakteristischen Vorzüge ausgezeichnet war.

Die ersten Monate seines Lebens verbrachte er in Three Mile Cross, unweit Reading, in einem ärmlichen Häuschen. Da für die Mitfords schlechte Zeiten gekommen waren – Kerenhappock war der einzige Dienstbote; die Überzüge der Stühle wurden von Miss Mitford selbst verfertigt, und aus dem billigsten Stoff; das ansehnlichste Stück der Einrichtung scheint ein großer Tisch gewesen zu sein, der ansehnlichste Raum ein großes Gewächshaus, – ist es unwahrscheinlich, daß Flush von irgendsolchen Annehmlichkeiten des Daseins umgeben war wie: regendichtem Zwinger, zementiertem Auslauf, einem Mädchen oder Burschen zu seiner Wartung, die heute einem Hund von seinem Rang zugestanden wären. Aber er gedieh, er genoß mit der ganzen

Lebhaftigkeit seines Temperaments die meisten der Freuden und einige der Freiheiten, die für seine Jugend und sein Geschlecht etwas Natürliches waren. Miss Mitford war allerdings sehr ans Haus gebunden. Sie mußte stundenlang ihrem Vater vorlesen, dann mit ihm Cribbage spielen und, wenn er zuletzt eingeschlummert war, endlos an dem Tisch im Gewächshaus drauflosschreiben und auf diese Weise Rechnungen zu zahlen und Schulden zu begleichen suchen. Aber endlich kam der ersehnte Augenblick. Sie schob ihr Manuskript beiseite, stülpte sich einen Hut auf den Kopf, nahm ihren Schirm und begab sich mit ihren Hunden auf einen Spaziergang über die Wiesen. Spaniels sind von Natur mitfühlend; Flush besaß, wie seine Geschichte beweist, eine sogar übermäßige Empfindungsfähigkeit für menschliche Gefühle. Der Anblick seiner geliebten Herrin, wie sie endlich die frische Luft einatmete, sie in ihren weißen Haaren spielen und die natürliche gesunde Färbung ihres Gesichts röten ließ, indes die Falten auf ihrer mächtigen Stirn sich glätteten, erregte ihn zu Freudensprüngen, deren Ungestüm zur Hälfte Mitempfinden ihres Entzükkens war. Während sie durch das hohe Gras schritt, hüpfte er kreuz und quer und teilte dessen grünen Vorhang. Die kühlen Kügelchen von Tau und Regen barsten in schillernd sprühenden Schauern an seiner Nase; die Erde, hier hart, hier weich, hier warm, hier kalt, stach, kratzte und kitzelte die weichen Ballen seiner Füße. Und welche Mannigfaltigkeit von Gerüchen in den seltsamsten Mischungen erregte seine Nüstern: starke Gerüche von Erde; süße Düfte von Blumen; namenlose von Blättern und Ranken; saure Gerüche, als sie eine Straße überschritten, stechende Gerüche, als sie Bohnenfelder betraten. Plötzlich aber kam mit dem Wind ein schärferer, stärkerer, beizenderer Geruch als alle diese einher – ein Geruch, der durch sein Hirn zuckte und tausend Instinkte aufpeitschte, eine Million Erinnerungen auslöste, – eine Witterung von Hase, von Fuchs. Er flitzte davon wie ein Fisch, der in einer Wasserströmung immer weiter mitgerissen wird, er vergaß seine Herrin, vergaß das ganze Menschengeschlecht. Er hörte dunkelhäutige Männer »Span! Span!« rufen, er hörte Peitschenknallen. Er rannte, er raste. Endlich blieb er verwirrt stehn, die Bezauberung schwand. Sehr langsam, und dämlich mit dem Schweif wedelnd, trottete er über die Wiesen dahin zurück, wo Miss Mitford stand, »Flush! Flush! Flush!« rief und mit dem Schirm winkte. Und mindestens einmal war die Lockung noch gebieterischer; dies Jagdhorn erregte tiefere Instinkte, rief wildere und stärkere Gefühle hervor, welche über sein Gedächtnis hinausreichten, und ließ Gras, Bäume, Hase, Kaninchen und Fuchs in einem einzigen wilden Jubelschrei untergehn. Die Liebe blendete ihn mit dem Flammenschein ihrer Fackel; nun hörte er das Jagdhorn der Venus. Bevor er noch so recht aus seinem Welpentraum heraus war, wurde Flush Vater.

Ein solches Benehmen, sogar eines Mannes, im Jahre 1842 hätte irgendeine entschuldigende Erklärung von dem Biographen verlangt; einer Frau hätte keine Entschuldigung genützt; ihre Name hätte schmachvoll getilgt werden müssen. Aber das Sittengesetz der Hunde, ob besser oder schlechter, ist sicherlich verschieden von dem unsern, und es gab in dieser Hinsicht nichts im Lebenswandel des Hundes Flush, was nun einen Schleier erfordert oder ihn damals für die Gesellschaft der Reinsten und Keuschesten im Land ungeeignet gemacht hätte. Das will sagen, es liegen Beweise vor, daß der ältere Bruder des frommen Gottesgelehrten Dr. Pusey ihn gern gekauft hätte. Wenn man von dem bekannten Charakter Dr. Puseys auf den wahrscheinlichen seines Bruders schließt, dann muß etwas Ernstes, Gesetztes in Flush gewesen sein, das, wie groß auch sein jugendlicher Leichtsinn war, für künftige Vortrefflichkeit bürgte. Aber ein viel bezeichnenderes Zeugnis für sein gewinnendes Wesen ist es, daß Mr. Pusey ihn zwar kaufen, Miss Mitford ihn aber nicht verkaufen wollte. Da sie in größter Geldverlegenheit war und wahrhaftig kaum mehr wußte, was für eine historische Tragödie sie ausspinnen, was für ein Jahrbuch sie herausgeben solle, und auf das verhaßte Auskunftsmittel beschränkt war, ihre Freunde um Hilfe anzugehn, muß es sie wirklich hart angekommen sein, die von dem ältern Bruder des Dr. Pusey gebotene Summe auszuschlagen. Zwanzig Pfund waren für den Vater ihres Flush geboten worden; Miss Mitford könnte ganz gut zehn oder fünfzehn für Flush selbst gefordert haben. Zehn oder fünfzehn Pfund waren eine schöne Summe, eine fürstliche Summe, wenn sie ihr zur Verfügung stünden. Mit zehn oder fünfzehn Pfund hätte sie ihre Stühle neu überziehen, ihr Gewächshaus neu besetzen, sich eine ganze Garderobe anschaffen können, und »ich habe mir seit vier Jahren keinen Hut, keinen Mantel, kein Kleid, ja kaum ein Paar Handschuhe kaufen können«, schreibt sie im Jahre 1842.

Aber Flush zu verkaufen, war undenkbar; er gehörte zu jenen seltenen Dingen, die sich nicht mit Geld in Verbindung bringen lassen. Gehörte er nicht zu den noch viel selteneren, die, weil sie etwas Immaterielles, etwas Unbezahlbares verkörpern, zu einem geziemenden Zeichen selbstloser Freundschaft taugen und in diesem Geist einer Freundin dargebracht werden dürfen, wenn man das Glück hat, eine zu besitzen, welche einem mehr Tochter als Freundin ist, einer Freundin, welche während der ganzen Sommermonate von der Welt abgeschlossen in einem Hinterzimmer der Wimpole Street liegt, einer Freundin, welche niemand anders ist als Englands vorzüglichste Dichterin, die berühmte, die vom Schicksal heimgesuchte, die angebetete Elizabeth Barrett selbst? Das waren die Gedanken, die Miss Mitford immer häufiger kamen, wenn sie zusah, wie Flush im Sonnenschein umhertollte und sich wälzte; wenn sie neben dem Sofa Miss Barretts in deren düsterm, von Efeu verdunkeltem Londoner Schlafzimmer saß. Ja, Flush war einer Miss Barrett würdig; Miss Barrett des Hundes Flush. Das Opfer war groß, aber es mußte gebracht werden. So konnte man denn eines Tags, wahrscheinlich im Frühsommer des Jahres 1842, ein auffallendes Paar seinen Weg durch die Wimpole Street nehmen sehen – eine sehr kleine, dicke, schäbig gekleidete ältliche Dame mit rotglänzendem Gesicht und weißglänzendem Haar, die einen sehr lebhaften, sehr neugierigen, sehr wohlerzogenen goldbraunen jungen Cockerspaniel an der Kette führte. Die beiden durchschritten fast die ganze Straße, bis sie endlich vor Nummer 50 stehnblieben. Nicht ohne Zagen zog Miss Mitford die Glocke.

Sogar heutzutage zieht vielleicht niemand ohne Zagen die Glocke eines Hauses in der Wimpole Street. Sie ist die erlauchteste der Londoner Straßen, die allerunpersönlichste. Wahrhaftig, wenn die Welt in

Trümmer zu gehn scheint und die Zivilisation in ihren Grundfesten wankt, braucht man nur in die Wimpole Street zu gehn, diese Avenue abzuschreiten, die Häuser anzusehen, ihre Gleichartigkeit zu betrachten, über die Fenstervorhänge und ihre Schwere zu staunen, die Türklopfer aus Messing und ihre Gleichförmigkeit zu bewundern; zu beobachten, wie Fleischer ganze Lendenstücke hinreichen und Köchinnen sie in Empfang nehmen; das Einkommen der Bewohner zu berechnen und daraus ihre Unterwerfung unter die Gesetze Gottes und der Menschen zu erschließen, – man braucht nur in die Wimpole Street zu gehn und einen tiefen Atemzug von dem Frieden zu tun, den Macht und Ansehen ausströmen, und man stößt einen Seufzer der Dankbarkeit aus, daß, während Korinth gefallen und Messina zusammengestürzt ist, während Kronen im Winde davongewirbelt wurden und alte Kaiserreiche in Flammen aufgingen, die Wimpole Street unerschüttert geblieben ist. Und kommt man aus ihr in die Oxford Street, dann steigt aus tiefstem Herzen ein Gebet auf und bricht von den Lippen, daß auch nicht ein Ziegelstein der Wimpole Street blank geschliffen, nicht ein Vorhang gewaschen werde, daß kein Fleischer es je unterlasse, Lendenstück, Keule, Brust- oder Rippenstück eines Hammels oder Rinds hinzureichen, und keine Köchin, es in Empfang zu nehmen, auf ewig! – denn solange die Wimpole Street besteht, ist die Zivilisation in Sicherheit.

Die Butler der Wimpole Street bewegen sich auch heute noch mit einer gewissen Gewichtigkeit. Im Sommer 1842 waren sie noch viel gravitätischer. Die Regeln der Livree waren damals strenger; das Ritual der grünen Tuchschürze fürs Silberputzen, der gestreiften Weste und des schwarzen Schwalbenschwanzrocks fürs Öffnen der Haustür wurde genauer eingehalten. Es ist daher wahrscheinlich, daß Miss Mitford und Flush mindestens dreieinhalb Minuten auf den Türstufen von Nummer 50 warten mußten. Endlich jedoch wurde die Tür weit aufgerissen. Miss Mitford und Flush wurden hereingebeten. Miss Mitford war ein häufiger Besuch; es war für sie nichts Überraschendes, wohl aber etwas Einschüchterndes an dem Anblick des Herrschaftshauses der Familie Barrett; auf Flush jedoch muß die Wirkung ganz überwältigend gewesen sein. Bis zu diesem Augenblick hatte er den Fuß in kein andres Haus als das ärmliche in Three Mile Cross gesetzt. Die Dielen waren dort kahl, die Fußmatten ausgefranst, die Stühle von billiger Art. Hier gab es nichts Kahles, nichts Ausgefranstes, nichts Billiges. Das konnte Flush auf den ersten Blick sehen. Mr. Barrett, der Eigentümer, war ein reicher Kaufherr; er hatte viele schon erwachsene Söhne und Töchter und eine entsprechend zahlreiche Dienerschaft. Sein Haus war nach der Mode der späten dreißiger Jahre eingerichtet, zweifellos mit einer Beimischung jenes orientalischen Geschmacks, der ihn, als er sich in Shropshire ein Haus baute, bewogen hatte, es mit den Kuppeln und Halbmonden maurischer Architektur zu verzieren. Hier in der Wimpole Street wären solche Extravaganzen nicht am Platz gewesen, aber wir dürfen annehmen, daß die hohen, düstern Räume voll von türkischen Diwans und geschnitztem Mahagoni waren. Die Tische hatten gewundene Füße; Filigranzierrat stand auf ihnen; Dolche und Schwerter hingen an weinroten Wänden; merkwürdige Gegenstände, aus Mr. Barretts ostindischen Besitzungen heimgebracht, standen in Nischen; und dicke, üppige Teppiche bedeckten die Fußböden.

Flush aber staunte, als er hinter Miss Mitford, die dem Butler folgte, die Treppe hinauftrottete, mehr über alles, was er roch, als über das, was er sah. Den Treppenschacht herauf kamen warme Rüchlein von schmorenden Lendenstücken, von bratenden Hühnern, von siedenden Suppen – fast wie solche Speisen selbst so köstlich für die Nase eines, der an den geringen Gaumenreiz der kärglichen Brätlein und Haschees Kerenhappocks gewöhnt war. Mit den Gerüchen von Speisen vermischt waren andre – von Zedernholz und Sandelholz und Mahagoni, Witterungen von männlichen und weiblichen Körpern, von Dienern und Dienstmädchen, von Röcken und Hosen, von Mänteln und Krinolinen, von Gobelinportieren und Plüschvorhängen, von Kohlenstaub und Nebel, von Wein und Zigarren. Jedes Zimmer, an dem er vorbeikam – Eßzimmer, Salon, Rauchzimmer, Schlafzimmer – ließ einen eigenen Beitrag zu dem allgemeinen Gedünst hervorströmen, während jede seiner Pfoten, wie er sie eine nach der andern niedersetzte, geliebkost und zurückgehalten wurde vom Sinnenreiz dicken Teppichflors, der sich schmeichelnd um sie schmiegte. Endlich standen die beiden vor der geschlossenen Tür eines Hinterzimmers. Ein leises Anklopfen und leises Öffnen der Tür.

Miss Barretts Schlafzimmer – dies war es nämlich – muß allen Berichten nach düster gewesen sein. Das gewöhnlich von einem grünen Damastvorhang verdunkelte Licht wurde im Sommer noch mehr gedämpft durch den Efeu, die Feuerbohnen, die Winden und Kresse und dem Blumenkasten vor dem Fenster. Anfangs konnte Flush in dem matten grünlichen Dämmer nichts andres unterscheiden als fünf weiße Kugeln, die geheimnisvoll mitten in der Luft schimmerten. Aber wieder war es der Geruch des Zimmers, was ihn überwältigte. Nur ein Gelehrter, der Stufe für Stufe in ein Mausoleum hinuntergestiegen ist und sich nun in einem unterirdischen Gewölbe befindet, das, überkrustet von

Schwämmen, schleimig von Schimmel, saure Gerüche von Verfall und Alter aushaucht, während nur undeutlich sichtbare Marmorbüsten hoch in der Luft schimmern und alles nur schwach erkennbar ist im Schein seiner kleinen schwingenden Lampe, wenn er, sich bückend und wendend, hierhin und dorthin späht, – nur die Sinnesempfindungen eines solchen Forschers in den verschütteten Gewölben einer zerstörten Stadt lassen sich mit dem Aufruhr von Gefühlen vergleichen, der Flush' Nerven überflutete, als er zum erstenmal im Schlafzimmer einer kränklichen Dame in der Wimpole Street stand und Kölnischwasser roch.

Sehr langsam, sehr undeutlich und nach vielem Beschnuppern und Betapsen unterschied Flush allmählich die Umrisse mehrerer Möbelstücke. Das ungeheure Ding dort beim Fenster war vielleicht ein Kleiderschrank; das daneben vermutlich eine Kommode; in der Mitte des Zimmers schwamm etwas an die Oberfläche, das ein Tisch mit einem Ring rundherum zu sein schien, und dann tauchten die unbestimmten, formlosen Massen eines Lehnstuhls und eines Sofas auf. Aber alles war verkleidet. Oben auf dem Kleiderschrank standen drei weiße Büsten; der Kommode war ein Bücherschränkchen aufgesetzt; das Schränkchen war mit karminrotem Merino überzogen; der Waschtisch trug ein Regal, und dieses krönten noch zwei Büsten. Nichts in dem

Zimmer war, was es war; alles war etwas andres. Sogar die Gardine war kein einfacher Musselinvorhang; sie war ein mit Schlössern und Burgtoren und Wäldchen bemaltes Gewebe, und auch mehrere lustwandelnde Landleute waren darauf. Spiegel verfälschten diese schon verfälschten Gegenstände noch weiter, so daß zehn Büsten von zehn Dichtern statt fünf von fünfen dazusein schienen; vier Tische statt zwei. Und plötzlich war da etwas noch viel schrecklicher Verwirrendes. Plötzlich sah Flush aus einem Loch in der Wand einen andern Hund mit glänzenden Augen und heraushängender Zunge auf ihn zurückstarren. Verdutzt blieb er stehn; scheu trat er näher.

So vortretend und wieder zurückweichend hörte Flush nur wie fernes Windessäuseln in Baumwipfeln das Gemurmel und Geplätscher plaudernder Stimmen. Er setzte seine Erkundungen fort, voll verhaltener Erregung, wie ein Forscher im Urwald sacht den Fuß vorsetzt, ungewiß, ob dieser Schatten nicht ein Löwe, jene Wurzel nicht eine Kobra sei. Zuletzt jedoch merkte er, daß ungeheure Dinge über ihm in Bewegung geraten waren, und entnervt, wie er durch die Erlebnisse der letzten Stunde war, verbarg er sich zitternd hinter einem Wandschirm. Die Stimmen verstummten. Eine Tür schloß sich. Einen Augenblick stutzte er verwirrt und erschöpft, dann überfiel ihn wie mit Tigerkrallen jäh die Erinnerung. Er fühlte sich allein, verlassen. Er stürzte zur Tür; sie war geschlossen. Er kratzte, lauschte, hörte hinabsteigende Schritte. Er erkannte die wohlvertrauten seiner Herrin. Sie hielten inne. Aber nein, weiter gingen sie, gingen hinunter. Miss Mitford stieg langsam, stieg schwerfällig, stieg zögernd die Treppe hinab. Und als sie ging, als er ihre Schritte verhallen hörte, ergriff ihn blinder Schrekken. Eine Tür nach der andern schloß sich, als Miss Mitford hinunterging, schloß sich hinter Freiheit, Licht, Hasen, Gras, hinter seiner verehrten, seiner angebeteten Herrin – dem teuern, dem geliebten alten weiblichen Wesen, das ihn gewaschen und ihn gezüchtigt, das ihn von ihrem eignen Teller gefüttert und doch selber nicht allzuviel zu essen gehabt hatte, – schloß sich hinter allem, was er an Glück und Liebe und menschlicher Güte kannte. Und nun fiel die Haustür zu. Er war allein; sie hatte ihn verlassen!

Da überkam ihn eine solche Woge von Verzweiflung und Angst, die Unwiderruflichkeit und Unerbittlichkeit des Schicksals traf ihn so hart, daß er den Kopf hob und laut aufheulte. Eine Stimme sagte: »Flush!« Er hörte sie nicht. »Flush!« sagte sie ein zweites Mal. Er fuhr zusammen; er hatte sich allein geglaubt. Er wandte sich um. War außer ihm noch etwas Lebendes im Zimmer? War dort etwas auf dem Sofa? In der ungestümen Hoffnung, daß dieses Wesen, was immer es war, die Tür vielleicht öffnen werde, daß er Miss Mitford noch nacheilen und sie finden könnte – daß dies irgendein Verstekkenspielen sei, wie sie es im Gewächshaus daheim zu spielen pflegten, – stürzte er zum Sofa.

»Ah, Flush!« sagte Miss Barrett. Zum erstenmal sah sie ihm ins Gesicht. Zum erstenmal sah Flush die Dame an, die auf dem Sofa lag.

Beide waren erstaunt. Schwere Locken hingen zu beiden Seiten von Miss Barretts Gesicht herab, große, glänzende Augen leuchteten daraus hervor, ein breiter Mund lächelte. Schwere Ohren hingen zu beiden Seiten von Flush' Gesicht herab; die Augen, auch seine, waren groß und glänzend; sein Mund war breit. Es bestand eine Ähnlichkeit zwischen ihnen. Als sie einander ansahen, fühlte ein jedes: Das bin ich, – und dann: Aber wie anders! Ihres war das blasse, abgezehrte Gesicht einer Leidenden, die von Luft, Licht, Freiheit abgeschnitten ist; seines das warm durchblutete eines jungen Tiers, belebt von Gesundheit und Tatkraft. War es möglich, daß, entzweigebrochen, aber aus ein und derselben Form gegossen, ein jedes ergänzte, was in dem andern schlummerte? Das alles da – hätte sie sein können; und er – aber nein. Zwischen ihnen lag die größte Kluft, die ein Wesen vom andern trennen kann. Sie sprach; er war stumm. Sie war Mensch; er war Hund. So nahe vereint, so unermeßlich weit getrennt, sahen die beiden einander an. Dann sprang Flush mit einem Satz auf das Sofa und legte sich hin, wo er von nun an immer läge – auf der Decke, Miss Barrett zu Füßen.

Zweites Kapitel

IM SCHLAFZIMMER

Der Sommer des Jahres 1842 unterschied sich – so berichten uns die Chronisten – nicht sehr von andern Sommern; für Flush jedoch war es ein so verschiedener Sommer, daß er wohl zweifeln mußte, ob dies noch dieselbe Welt war. Es war ein in einem Schlafzimmer, ein mit Miss Barrett verbrachter Sommer. Es war ein Sommer in London, im Zentrum der Zivilisation. Anfangs sah er nichts andres als das Schlafzimmer und dessen Einrichtung, aber die allein bot genug des Erstaunlichen. Alle die Dinge, die er hier erblickte, zu kennen, zu unterscheiden und richtig zu benennen, war nicht wenig verwirrend, und er hatte sich kaum an die Tische, die Vorhänge, die Büsten, den Waschtisch gewöhnt – der Geruch von Kölnischwasser wirkte noch immer unangenehm auf seine Nase – da kam einer dieser seltenen Tage: schön, aber nicht windig, warm, aber nicht drückend heiß, trocken, aber nicht staubig, an denen ein kränklicher Mensch sich in die frische Luft hinauswagen kann. Es kam der Tag, an dem Miss Barrett getrost das gewaltige Abenteuer unternehmen durfte, mit ihrer Schwester auszufahren und Einkäufe zu machen.

Der Wagen wurde befohlen. Miss Barrett erhob sich vom Sofa. Verschleiert und vermummt stieg sie die Treppe hinab. Flush begleitete sie selbstverständlich. Er sprang neben sie in den Wagen. Als er dann auf ihren Schoß gebettet lag, brandete das prunkvolle Schauspiel der Stadt London in ihrem höchsten Glanz an seine staunenden Augen. Der Wagen fuhr die Oxford Street entlang. Flush erblickte Häuser, die fast ganz aus Glas waren. Er sah Schaufenster von glitzernden Bändergewinden durchzogen, angefüllt mit leuchtenden Bergen von Rosenrot und Himmelblau, von Gelb und Lila. Der Wagen hielt. Flush betrat geheimnisvolle, von Wolken farbigen Florgewebes umschwebte Bogengänge. Abertausend Lüftchen aus China, aus Arabien wehten ihre zarten Düfte bis in die letzten Fasern seiner Sinne. Blitzschnell wogten Ellen schimmernder Seide über Ladentische; dunkler und schwerer rollten die gewichtigeren Bombazine. Scheren schnippten, Münzen funkelten, Papier wurde gefaltet, Bindfaden geknüpft. Und inmitten nickender Straußfedern, flatternder Bänder, stampfender Pferde, gelber Livreen, vorübergleitender, auf- und untertauchender Gesichter schlief Flush ein und döste und träumte, gesättigt von der Vielfalt der Sinneseindrücke, und wußte von nichts mehr, bis er

aus dem Wagen gehoben wurde und die Haustür in der Wimpole Street sich hinter ihm schloß.
Und da am nächsten Tag das schöne Wetter anhielt, wagte Miss Barrett ein sogar noch kühneres Unternehmen – sie ließ sich in einem Rollstuhl durch die Wimpole Street fahren. Wieder wurde sie von Flush begleitet. Zum erstenmal hörte er seine Krallen auf die harten Pflastersteine Londons klappern, zum erstenmal bombardierte die ganze Batterie der Gerüche einer sommerlichen Londoner Straße seine Nase. Er roch die betäubenden Gerüche, die in den Rinnsteinen lagern, die bitteren Gerüche, die Eisengeländer zernagen, die dampfenden, sinneumnebelnden Gerüche, die aus den im Tiefgeschoß liegenden Herrschaftsküchen aufsteigen, – mannigfaltigere, üblere, heftiger einander widerstreitende Gerüche, als er je auf den Wiesen bei Reading wahrgenommen hatte, Gerüche, die weit außerhalb des Unterscheidungsvermögens menschlicher Nasen liegen, so daß er, während der Rollstuhl weiterfuhr, erstaunt stehnblieb, sie zu erkennen suchte, sie schnuppernd prüfte, bis ein Ruck an seinem Halsband ihn wegzerrte. Und überdies wurde er, hinter Miss Barretts Rollstuhl die Wimpole Street entlangtrabend, durch vorbeikommende menschliche Körper verwirrt gemacht. Kleidsäume schlugen an seinen Kopf, Hosenbeine streiften seine Flanken, manchmal surrte ein Rad kaum einen Zoll von

seiner Nase vorbei. Ein vernichtungdrohender Sturm brüllte ihm in die Ohren und peitschte die Fransen seiner Pfoten, als ein Lastwagen vorbeifuhr. In blindem Schrecken machte er einen jähen Satz. Zum Glück zerrte die Kette an seinem Halsband; Miss Barrett hielt ihn fest, oder er wäre ins Verderben gerannt.

Endlich erreichte er mit zuckenden Nerven und schwirrenden Sinnen den Regent's Park. Und als er hier, nach, wie ihm schien, jahrelanger Abwesenheit, wieder Gras und Blumen und Bäume sah, widerhallte der alte Jagdruf in seinen Ohren, und er sauste vorwärts und wollte drauflosrennen wie auf den Wiesen daheim. Nun aber riß ihn ein schweres Gewicht an der Kehle, er wurde auf die Hinterschenkel zurückgeschleudert. Waren hier nicht Bäume und Gras? fragte er sich. Waren hier nicht die Zeichen der Freiheit? War er nicht immer sogleich drauflosgerannt, wenn Miss Mitford ihren Spaziergang antrat? Warum war er hier ein Gefangener? Er hielt inne. Hier wuchsen, so gewahrte er, die Blumen alle viel dichter als daheim, sie standen, Stengel an Stengel, starr aufrecht in schmalen Beeten. Die Beete waren durch harte, schwarze Wege getrennt; Männer in glänzenden hohen Hüten schritten unheildrohend auf diesen Wegen hin und her. Bei ihrem Anblick drängte er sich schaudernd näher an den Rollstuhl. Mit Freuden ließ er sich die schützende Bevormundung der Kette gefallen. Und so kam er schon nach wenigen solchen Spaziergängen zu einer neuen Erkenntnis; eins zum andern fügend, hatte er einen Schluß gezogen. Wo es Blumenbeete gibt, sind Asphaltwege, wo es Blumenbeete und Asphaltwege gibt, Männer in glänzenden hohen Hüten; wo es Blumenbeete und Aspahltwege und Männer in glänzenden hohen Hüten gibt, müssen Hunde an der Kette geführt werden. Ohne auch nur ein Wort auf der Anschlagtafel beim Eingang buchstabieren zu können, hatte er seine Lektion gelernt: Im Regent's Park müssen Hunde an der Kette geführt werden.

Und diesem, aus den merkwürdigen Erfahrungen des Sommers 1842 gewonnenen Kern von Erkenntnis gesellte sich bald ein andrer. Hunde sind nicht gleich, sondern verschieden. In Three Mile Cross hatte Flush vorurteilslos mit Wirtshauskötern und mit den Hetzhunden des Gutsherrn verkehrt. Er hatte keinen Unterschied zwischen dem Hund des Klempners und sich selbst gekannt. Ja es ist wahrscheinlich, daß die Mutter seines Kindes, obgleich aus Höflichkeit Spaniel genannt, nichts als ein Mischling war, mit Ohren der einen und einem Schwanz einer andern Rasse. Die Hunde Londons jedoch, so entdeckte Flush bald, sind streng in verschiedene Klassen geschieden. Manche werden an der Kette geführt, manche laufen frei umher.

Manche genießen die frische Luft in Equipagen und trinken aus purpurnen Näpfen, andre sind ungepflegt und halsbandlos und finden ihren Unterhalt in der Gosse. Es gibt also, so begann Flush zu vermuten, Unterschiede zwischen Hunden. Manche sind hoher, manche niederer Klasse. Seine Vermutungen wurden durch Gesprächsfetzchen bestätigt, die er im Vorbeigehn mit den Hunden der Wimpole Street wechselte. »Siehst du den armseligen Wicht dort? Ein ganz gewöhnlicher Köter ... Potztausend, das ist ein feiner Spaniel! Einer vom besten Blut in ganz Britannien ... Schade, daß seine Ohren nicht noch ein wenig lockiger sind ... Da, das nenn' ich mir einen Schopf!«

Aus solchen Sätzchen, aus dem Ton von Lob oder Spott, in dem sie gesprochen wurden – bei der Briefkastensäule oder vor der Kneipe an der Ecke, wo die Bedienten einander Renntips gaben, – lernte Flush, bevor der Sommer um war, daß es keine Gleichheit unter Hunden gibt, nur ein Hoch oder Niedrig. Wohin gehörte dann er? Kaum war er nach Hause gekommen, als er sorgfältig sein Bild im Spiegel prüfte. Dem Himmel sei Dank, er war ein Hund von Adel und Rasse! Sein Kopf war glatt, seine Augen vorstehend, aber nicht kugelig, seine Füße befranst; er war dem bestgezüchteten, reinrassigsten Cocker der Wimpole Street ebenbürtig. Er blickte beifällig auf den purpurnen Napf, aus dem er trank, – solches war eines der Vorrechte hohen Rangs; er neigte still den Kopf, um die Kette an seinem Halsband befestigen zu lassen, – solches war ihr Preis. Wenn Miss Barrett ihn zu jener Zeit beobachtete, wie er in den Spiegel starrte, kam sie zu einem falschen Schluß. Er sei ein Philosoph, so dachte sie, und sinne über den Unterschied zwischen Erscheinung und Wirklichkeit nach. Im Gegenteil. Er war ein Aristokrat, der seine Vorzüge erwog. Aber die schönen Sommertage waren bald vorbei, die Herbstwinde begannen zu wehen, und Miss Barrett richtete sich auf ein Leben völliger Abgeschlossenheit in ihrem Schlafzimmer ein. Auch das Leben des Hundes Flush erfuhr eine Veränderung. Seine Erziehung im Freien wurde durch die im Schlafzimmer ergänzt, und sie war für einen Hund von seinem Temperament die drastischste, die sich hätte finden lassen. Seine einzigen Spaziergänge, und sie waren kurz und nur pflichtmäßig, wurden in Begleitung Wilsons, der Jungfer Miss Barretts, unternommen. Während des übrigen Tags blieb er auf seinem Posten zu Miss Barretts Füßen auf dem Sofa. Alle seine natürlichen Triebe wurden vereitelt und bekämpft. Als im vorigen Jahr in Berkshire die Herbstwinde bliesen, war er mit wilden Sprüngen über die Stoppeln gerast; wenn jetzt der Efeu an die Scheiben klopfte, hieß Miss Barrett Wilson nach den Fensterriegeln sehen. Als die Blätter der Feuerbohnen und Kresse in dem Blumenkasten am Fenster gilbten und abfielen, zog sie ihren indischen Schal enger um die Schultern. Als der Oktoberregen das Fenster peitschte, entzündete Wilson das Feuer im Kamin und häufte Kohlen darauf. Aus dem Herbst wurde Winter, und die ersten Nebel brachten der Luft die Gelbsucht. Wilson und Flush konnten kaum ihren Weg zum Briefkasten oder zum Apotheker finden. Wenn sie zurückkamen, war nichts andres im Zimmer zu sehen als die bleichen Büsten, die matt auf dem Kleiderschrank oben schimmerten; die Landleute und das Schloß waren von der Gardine verschwunden. Leeres Gelbgrau füllte die Scheiben. Flush hatte das Gefühl, daß er und Miss Barrett allein miteinander in einer gepolsterten und von einem Feuer erhellten Höhle lebten. Der Verkehr draußen dröhnte mit gedämpftem Schüttern unaufhörlich weiter; bisweilen kam eine Stimme, die heiser ausrief: »Alte Sessel und Körbe zu flicken?«, die Straße entlang; manchmal ertönte das Geklimper einer Drehorgel, näherte sich und wurde lauter, entfernte sich und verhallte.

Aber keiner von diesen Klängen bedeutete Freiheit oder Bewegung oder Tätigkeit. Wind und Regen, die rauhen Tage des Herbsts und die kalten des Mittwinters, bedeuteten einer wie der andre für Flush nichts als Wärme und Stille, das Anzünden der Lampen, das Schließen der Vorhänge und das Aufstochern des Feuers.

Anfangs war es kaum zu ertragen. Er konnte nicht anders, er mußte im Zimmer umherhüpfen an einem windigen Herbsttag, an dem die Rebhühner über die Stoppeln flattern. Er glaubte, vom Wind herangetragenen Flintenknall zu hören. Er konnte es nicht unterlassen, mit gesträubten Haaren zur Tür zu laufen, wenn draußen ein Hund bellte. Und doch konnte er, wenn Miss Barrett ihn zurückrief, wenn sie die Hand auf sein Halsband legte, nicht leugnen, daß ein andres Gefühl, ein drängendes, gegensätzliches, unangenehmes – er wußte nicht, wie er es nennen sollte oder warum er ihm gehorchte, – ihn zurückhielt. Er legte sich still zu ihren Füßen. Zu entsagen, sich zu beherrschen, die heftigsten Triebe seiner Natur zu unterdrücken, das war die oberste Lektion der Schlafzimmerschule, und sie war so gewaltig schwer, daß viele Schüler mit weit geringerer Mühe das Griechische erlernten, viele Schlachten gewonnen wurden, die ihre Lenker nicht halb so viel Anstrengung kosteten. Ja, aber die Lehrerin war Miss Barrett. Zwischen ihr und ihm, das fühlte Flush, als die Wochen vergingen, immer stärker, bestand ein Band, eine unbehaglich und doch beseligend enge Verknüpfung, so daß seine Freude, wenn sie ihr Schmerz bedeutete, nicht mehr Freude, sondern zu drei Vierteln Schmerz war.

Diese Wahrheit erwies sich jeden Tag aufs neue. Jemand öffnete die Tür und pfiff, er solle kommen. Warum sollte er nicht ausgehn? Er sehnte sich nach frischer Luft und Bewegung; seine Gliedmaßen waren vom Liegen auf dem Sofa verkrampft. Er hatte sich nie ganz an den Geruch von Kölnischwasser gewöhnen können. Aber nein – obgleich die Tür offenstand, wollte er Miss Barrett nicht verlassen. Er zögerte auf halbem Weg zur Tür und trottete dann zurück zum Sofa. »Flushie«, schrieb Miss Barrett, »ist mein Freund – mein Gefährte – und liebt mich mehr als den Sonnenschein draußen.« Sie konnte nicht ausgehn; sie war ans Sofa gefesselt. »Ein Vogel im Käfig«, schrieb sie, »könnte dieselbe Geschichte erzählen.« Und Flush, dem die ganze Welt offenstand, zog es vor, auf alle Gerüche der Wimpole Street zu verzichten, um neben ihr liegen zu können.
Und doch wäre das Band manchmal fast gerissen; es gab gewaltige Lücken in ihrem gegenseitigen Verstehn. Bisweilen lagen sie da und starrten einander in blanker Verwunderung an. Warum, so fragte sich Miss Barrett, erbebte Flush plötzlich und winselte und fuhr auf und lauschte? Sie konnte nichts hören, sie konnte nichts sehen, es war niemand außer ihnen im Zimmer. Sie vermochte nicht zu spüren, daß Folly, der kleine King Charles ihrer Schwester, an der Tür vorbeigekommen war; oder daß Catilina,

der kubanische Bluthund, unten im Tiefgeschoß einen Schöpsenknochen von einem der Bedienten erhalten hatte. Flush aber wußte es, er hörte es. Abwechselnd fielen ihn Rasereien von Liebesgelüst und Freßgier an. So konnte Miss Barrett mit ihrer ganzen dichterischen Eingebung auch nicht ahnen, was Wilsons nasser Regenschirm für Flush bedeutete, welche Erinnerungen an Wälder und Papageien und trompetende wilde Elefanten er heraufrief. Und sie wußte auch nicht, als Mr. Kenyon über den Klingelzug stolperte, daß Flush dunkelhäutige Männer in den Bergen fluchen hörte, der Ruf: »Span! Span!« ihm ins Ohr tönte und es in einer gedämpften urväterlichen Raserei geschah, daß er ihn biß.

Ebensowenig konnte sich Flush Miss Barretts Gemütsbewegungen erklären. Da lag sie stundenlang und ließ ein schwarzes Stäbchen über ein weißes Blatt Papier gleiten, und dann füllten sich ihre Augen plötzlich mit Tränen. Aber warum? »Ach, mein lieber Mr. Horne«, schrieb sie, »und dann kam der Zusammenbruch meiner Gesundheit ... und dann die aufgezwungene Verbannung nach Torquay ... die meinem Leben für immer einen Alpdruck gab und mir mehr raubte, als wovon ich hier sprechen könnte. Sprechen Sie nirgends davon, *sprechen Sie nicht davon,* lieber Mr. Horne.« Aber es war kein Laut, kein Geruch im Zimmer, der Miss

Barrett hätte weinen machen können. Und dann wieder brach Miss Barrett, noch immer ihr Stäbchen betätigend, in ein Gelächter aus. Sie hatte gezeichnet, »ein sehr sauberes und charakteristisches Porträt des Hundes Flush, mir sehr ähnlich, auf eine humoristische Art«, und sie hatte darunter-geschrieben, daß es »nur darum verfehlt, ein vorzüglicher Ersatz für meines zu sein, weil es mehr Würde hat, als man mir zusprechen kann«. Was gab es über den schwarzen Schmierfleck zu lachen, den sie Flush hinhielt, damit er ihn betrachte? Er konnte nichts riechen, er konnte nichts hören. Es war außer ihnen niemand im Zimmer. Sie vermochten sich nun einmal nicht mit Worten zu verständigen, und das führte zweifellos zu vielen Mißverständnissen. Aber führte es nicht auch zu einer besonderen Vertrautheit? »Schreiben«, rief Miss Barrett einmal nach der Plackerei eines Vormittags aus, »schreiben, schreiben . . .« Sagen denn überhaupt, so mag sie gedacht haben, Worte alles? Können Worte irgend etwas sagen? Zerstören Worte nicht das Sinnbild, das jenseits des Bereichs der Worte liegt? Einmal wenigstens scheint Miss Barrett zu dieser Überzeugung gekommen zu sein. Sie lag und dachte nach. Sie hatte Flush ganz vergessen, und ihre Gedanken waren so traurig, daß Tränen aufs Kissen fielen. Da drängte sich plötzlich ein behaartes Gesicht an sie. Große, glänzende Augen leuchteten in die ihren, und sie fuhr auf. War es Flush, oder war es Pan? War sie nicht mehr eine Kränkelnde in der Wimpole Street, sondern eine Nymphe in einem dämmerigen Hain Arkadiens? Und drückte der bärtige Gott selbst seine Lippen auf die ihren? Für einen Augenblick war sie verwandelt; sie war eine Nymphe, und Flush war Pan. Die Sonne brannte, und die Liebe loderte. Aber angenommen, Flush hätte sprechen können – hätte er am Ende nicht irgend etwas Vernünftiges über die Kartoffelkrankheit in Irland gesagt?

Ebenso fühlte auch Flush seltsame Regungen in sich erwachen. Wenn er Miss Barretts schmale Hände ein silbernes Döschen oder einen Perlenschmuck von dem runden Tisch nehmen sah, schienen sich seine pelzigen Pfoten zusammenzuziehen, und er wünschte sich, daß sie in zehn einzelne Finger ausliefen. Wenn er ihre liebe, leise Stimme unzählige Laute silbenweise murmeln hörte, sehnte er sich nach dem Tag, an dem seine eigne, rauh bellende, in ebensolchen kleinen, einfachen Lauten erklänge, welche so geheimnisvolle Bedeutung hatten. Und wenn er zusah, wie diese selben Finger immerzu mit einem dünnen Stäbchen über ein weißes Blatt fuhren, sehnte er sich nach der Zeit, wo auch er Papier schwärzen würde so wie sie.

Aber hätte er so zu schreiben vermocht wie sie? – Das ist glücklicherweise eine überflüssige Frage.

Denn die Wahrheit zwingt uns, zu sagen, daß im Winter 1842–1843 Miss Barrett nicht eine Nymphe, sondern eine kränkliche Sterbliche, Flush nicht ein Dichter, sondern ein roter Cockerspaniel und die Wimpole Street nicht Arkadien, sondern die Wimpole Street war.

So gingen die langen Stunden in dem nach hinten gelegenen Schlafzimmer dahin, durch nichts bezeichnet als durch den Klang von Schritten auf der Treppe und das ferne Geräusch der sich schließenden Haustür, das Tappen eines Besens und das Pochen des Briefträgers. Im Zimmer klickten die Kohlen. Die Lichter und Schatten glitten über die Stirnen der fünf bleichen Büsten, über das Bücherschränkchen und seinen roten Merinostoff. Aber manchmal ging der Schritt auf der Treppe nicht an der Tür vorbei. Er hielt draußen inne. Man sah den Türknopf sich drehen. Die Tür öffnete sich wirklich, und jemand kam herein. Wie seltsam verändert die Möbel dann aussahen! Was für außerordentliche Wellchen von Klang und Geruch wurden sogleich in Umlauf gesetzt! Wie sie um die Tischbeine brandeten und an die scharfen Kanten des Kleiderschranks schlugen! Wahrscheinlich war es Wilson mit dem Essen auf einem Servierbrett oder mit einem Glas Medizin. Oder vielleicht eine der beiden Schwestern Miss Barretts – Arabel oder Henrietta. Oder vielleicht einer von Miss Barretts sieben Brüdern – Charles, Samuel, George, Henry, Alfred, Septimus oder Octavius. Aber einmal oder zweimal in der Woche merkte Flush, daß etwas Bedeutungsvolleres sich vorbereitete. Das Bett wurde sorgfältig als Sofa verkleidet, der Lehnstuhl wurde danebengerückt; Miss Barrett wurde kleidsam in indische Schals gewickelt. Die Toilettengegenstände wurden sorgfältig hinter den Büsten Chaucers und Homers versteckt. Flush selbst wurde gekämmt und gebürstet. Etwa um zwei oder drei Uhr nachmittag erfolgte ein eigenartiges, besondres und ganz andres Pochen an der Tür. Miss Barrett errötete, lächelte und streckte die Hand aus. Und herein trat – vielleicht die liebe Miss Mitford, rosig glänzenden Gesichts und überschwenglich, einen Topf Geranien in der Hand, oder es war vielleicht Mr. Kenyon, ein beliebter, gepflegter ältlicher Herr, Wohlwollen ausstrahlend und mit einem Buch ausgerüstet. Oder es war Mrs. Jameson, eine Dame, die in ihrem Aussehen das gerade Gegenteil von Mr. Kenyon war, eine Dame mit »sehr hellem Teint – blassen, klaren Augen, schmalen, farblosen Lippen . . . Nase und Kinn ohne Breite vorstehend«. Jedes hatte seine Eigenart in Gehaben, Geruch, Stimme und Tonfall. Miss Mitford sprudelte und schwatzte, war schußlig und doch behäbig. Mr. Kenyon war umgänglich und gebildet und mümmelte ein wenig, weil ihm zwei Vorderzähne fehlten. Mrs. Jameson

hatte keinen ihrer Zähne verloren und bewegte sich so rasch und präzise, wie sie sprach.
Zu Miss Barretts Füßen gebettet, ließ Flush die Stimmen Stunde nach Stunde über sich hinplätschern. Sie tönten immerzu fort. Miss Barrett lachte, widersprach, stieß leise Ausrufe hervor, seufzte auch und lachte wieder. Endlich traten, sehr zu Flush' Erleichterung, kleine Pausen ein – sogar im Fluß von Miss Mitfords Geplauder. Könne es schon sieben Uhr sein? Sie sei seit Mittag hier! Sie müsse wirklich laufen, um ihren Zug zu erwischen. Mr. Kenyon schloß sein Buch – er hatte daraus vorgelesen – und stand mit dem Rücken gegen das Kaminfeuer. Mrs. Jameson streifte mit einer scharfen, eckigen Bewegung jeden einzelnen Finger ihres Handschuhs fest über. Und Flush wurde von manchen gestreichelt und von andern am Ohr gezupft. Die wohlbekannte Zeremonie des Abschiednehmens wurde unerträglich in die Länge gezogen, aber endlich waren Mrs. Jameson, Mr. Kenyon oder sogar Miss Mitford aufgestanden, hatten sich verabschiedet, es war ihnen noch etwas eingefallen, sie hatten etwas gefunden, hatten die Tür erreicht, sie geöffnet und waren – der Himmel sei gepriesen! – endlich gegangen.
Miss Barrett sank sehr bleich, sehr müde auf die Kissen zurück. Flush kroch näher an sie heran. Gott sei Dank! sie waren wieder allein. Aber der Besuch

war so lange geblieben, daß es fast Essenszeit war. Gerüche begannen aus dem Tiefgeschoß aufzusteigen. Wilson stand in der Tür mit Miss Barretts Abendmahlzeit auf dem Servierbrett. Es wurde auf den Tisch neben sie gestellt, und die Schüsseldeckel wurden abgehoben. Aber nach all dem Ankleiden und all dem Reden, der Hitze im Zimmer und der Aufregung des Abschiednehmens war Miss Barrett zu müde und erschöpft, um zu essen. Sie stieß einen kleinen Seufzer aus, als sie die dicke Hammelkotelette, die Rebhuhnhälfte oder die Hühnerbrust sah, die ihr zum Abendessen heraufgeschickt worden war. Solange Wilson im Zimmer blieb, tändelte sie mit Messer und Gabel. Aber kaum hatte sich die Tür geschlossen und sie waren wieder allein, als sie ein Zeichen gab. Sie hielt die Gabel empor. Ein ganzer Hühnerflügel war darauf gespießt. Flush näherte sich; Miss Barrett nickte. Sehr sacht, sehr geschickt, ohne ein Krümelchen zu verstreuen, zog Flush den Flügel herunter, verschlang ihn und ließ keine Spur davon zurück. Ein halber Reispudding, mit dicker Sahne übergossen, nahm denselben Weg. Nichts hätte säuberlicher und gründlicher sein können als Flush' Mitwirkung. Dann lag er wie gewöhnlich zu Miss Barretts Füßen hingestreckt, anscheinend eingeschlafen, und Miss Barrett lag ausgeruht und gekräftigt, anscheinend nach Genuß eines vorzüglichen Abendessens, als abermals ein

Schritt, der aber schwerer, entschlossener und fester war als jeder andre, auf der Treppe innehielt, ein feierliches Pochen erklang, das nicht ein fragendes Klopfen, sondern ein Einlaßheischen war, die Tür sich öffnete und der schwärzeste, furchteinflößendste aller ältlichen Männer eintrat: Mr. Barrett selbst. Sein Blick suchte sogleich das Servierbrett. War die Mahlzeit verzehrt? Waren seine Befehle befolgt worden? Ja, die Teller waren leer. Befriedigung über die Folgsamkeit seiner Tochter andeutend, ließ sich Mr. Barrett schwerfällig in den Lehnstuhl neben ihr nieder. Als dieser dunkle Körper sich ihm näherte, liefen Schauer von Schrecken und Entsetzen Flush das Rückgrat entlang. So erschauert ein in Blumen geduckter Wilder, wenn der Donner grollt und er die Stimme Gottes vernimmt. Dann pfiff Wilson. Und Flush stahl sich schuldbewußt, als könnte Mr. Barrett seine Gedanken lesen – und es waren böse Gedanken – weg und schlich aus dem Zimmer und lief die Treppe hinab. Eine Gewalt, vor der ihm graute, war in das Schlafzimmer eingedrungen, eine Gewalt, der zu widerstehn er machtlos war. Einmal kam er unerwartet zurück. Mr. Barrett lag vor dem Bett seiner Tochter auf den Knien und betete.

Drittes Kapitel

DER MANN IN DER KAPUZE

Eine solche Erziehung wie die in dem hintern Schlafzimmer in der Wimpole Street hätte sogar an einem gewöhnlichen Hund ihre Wirkung gezeigt. Und Flush war kein gewöhnlicher Hund. Er war lebhaft, dabei aber nachdenklich; hündisch, aber auch höchst empfindlich für menschliche Gefühle. Auf einen solchen Hund wirkte die Atmosphäre jenes Schlafzimmers besonders stark. Wir dürfen ihn nicht tadeln, wenn seine Feinfühligkeit fast zum Nachteil seiner robusteren Eigenschaften gefördert wurde. Den Kopf auf ein griechisches Wörterbuch als Kissen gebettet, entwickelte er begreiflicherweise eine Abneigung gegen Bellen und Beißen. Er gelangte dahin, das stille Wesen der Katze dem lauten des Hundes vorzuziehen und menschliche Anteilnahme allen beiden. Und dann tat auch Miss Barrett das möglichste, seine Fähigkeiten noch weiter zu verfeinern und auszubilden. Einmal nahm sie eine kleine Harfe vom Fenster, legte sie neben ihn und fragte ihn, ob er glaube, daß die Harfe, die doch Musik hervorbringe, selber lebendig sei. Er schaute und lauschte, überlegte, so schien es, einen Augenblick lang zweifelnd und verneinte dann. Ein andermal ließ sie ihn sich mit ihr vor den Spiegel stellen und fragte ihn, warum er belle und zittere. Sei denn der kleine braune Hund ihm gegenüber nicht er selbst? Aber was ist »man selbst«? Das, was die Leute sehen? Oder das, was man ist? Also erwog Flush auch diese Frage, und außerstande, das Problem der Wirklichkeit zu lösen, schmiegte er sich enger an Miss Barrett und küßte sie »ausdrucksvoll«. Das jedenfalls war Wirklichkeit.

Wenn er nach solchen Aufgaben, die Erregung einander widerstreitender Empfindungen noch in allen Nerven spürend, die Treppe hinunterlief, war, was uns nicht wundernehmen kann, etwas – ein Zug von Hochmut, von Überlegenheit – in seiner Haltung, das die Wut Catilinas, des wilden kubanischen Bluthunds, hervorrief, so daß der ihn anfiel und biß, was den laut Aufheulenden mitleidsuchend zu Miss Barrett zurückeilen ließ. Flush »ist kein Held«, schloß sie daraus; aber warum war er kein Held? Nicht zum Teil ihretwegen? Sie war zu gerecht, um nicht zu begreifen, daß er für sie seinen Mut geopfert, wie er für sie Luft und Sonne entsagt hatte. Diese nervöse Empfindlichkeit hatte zweifellos ihre Nachteile. Miss Barrett brachte eine Menge Entschuldigendes vor, als er auf Mr. Kenyon losfuhr und nach ihm schnappte, weil der über den Klingelzug stolperte. Es war lästig, wenn er die ganze

Nacht jämmerlich stöhnte, weil ihm nicht erlaubt worden war, auf ihrem Bett zu schlafen; wenn er das Futter verweigerte, weil nicht sie es ihm reichte. Aber sie nahm alle Schuld auf sich und ertrug die Unannehmlichkeiten, weil Flush sie nun einmal liebte. Er hatte um ihretwillen der frischen Luft und der Sonne entsagt. »Er ist es wert, geliebt zu werden, nicht wahr?« fragte sie Mr. Horne, und welche Antwort immer Mr. Horne auch gäbe, Miss Barrett war ihrer eignen sicher. Sie liebte Flush, und Flush war ihrer Liebe würdig.

Es sah so aus, als könnte nichts dieses Band zerreißen – als könnten die Jahr es nur festigen und verstärken und als würden diese Jahre die ganze den beiden gemeinsam bestimmte Lebenszeit füllen. Aus 1842 wurde 1843, aus 1843 wurde 1844 und aus diesem 1845. Flush war kein Hündlein mehr; er war ein Hund von vier oder fünf Jahren, ein Hund im besten Hundesalter – und noch immer lag Miss Barrett auf ihrem Sofa in der Wimpole Street, und noch immer lag Flush darauf zu ihren Füßen. Miss Barretts Leben war »das Leben eines Vogels im Käfig«. Sie hütete manchmal wochenlang das Haus, und wenn sie es verließ, dann nur für eine Stunde oder zwei, um sich in einem Wagen zu einem Kaufladen oder im Rollstuhl in den Regent's Park fahren zu lassen. Die Barretts verließen London nie. Mr. Barrett, die sieben Brüder, die zwei Schwestern, der Butler, Wilson und die Dienstmädchen, Catilina, Folly, Miss Barrett und Flush, sie alle verbrachten ihr Leben in der Wimpole Street Nummer 50, aßen im Speisezimmer, schliefen in den Schlafzimmern, rauchten im Rauchzimmer, kochten in der Küche, schleppten Kannen heißen Wassers und leerten Spülichteimer von Januar bis Dezember. Die Stuhlbezüge wurden ein wenig schmutzig, die Teppiche nützten sich ab, Kohlenstaub, Straßenkot, Ruß und Nebel, Schwaden von Zigarrenrauch und Wein- und Bratendunst sammelten sich in Ritzen, in Sprüngen, in Möbel- und Vorhangstoffen, auf Bilderrahmen, in den Schnörkeln von Schnitzwerk. Der Efeu, der über Miss Barretts Schlafzimmerfenster herabhing, gedieh; sein grüner Vorhang wurde dichter und dichter, und im Sommer wucherten die Kresse und die Feuerbohnen in dem Blumenkasten auf dem Fenstersims bunt durcheinander.

Eines Abends aber, zu Anfang des Januar 1845, klopfte der Briefträger an der Haustür. Briefe fielen wie gewöhnlich durch den Schlitz. Wilson ging wie gewöhnlich hinunter, um sie zu holen. Alles war wie sonst – jeden Abend klopfte der Briefträger, jeden Abend holte Wilson die Briefe, jeden Abend war irgendein Brief für Miss Barrett da. Aber heute war es nicht so ein Brief; es war ein andrer Brief. Flush sah das, noch bevor der Umschlag geöffnet war: er erkannte es an der Art, wie Miss Barrett ihn ergriff, umwendete, auf die kraftvollen, zackigen Schriftzüge ihres Namens blickte. Er erkannte es an dem unbeschreiblichen Beben ihrer Finger, an der Heftigkeit, mit der sie den Umschlag aufriß, und daran, wie sie ins Lesen vertieft war. Er beobachtete sie. Und während sie las, hörte er – so wie wir, wenn wir im Halbschlaf liegen, durch den Straßenlärm hindurch eine Glocke läuten hören und wissen, daß das uns gilt; sie beunruhigend und doch nur schwach läuten hören, als versuchte jemand in weiter Ferne uns durch die Warnung vor Feuer oder Einbrechern oder einer Bedrohung unsres Friedens aufzurütteln, und erschrocken auffahren, noch bevor wir erwachen, – so hörte Flush, als Miss Barrett das kleine beschmierte Blatt Papier las, eine Glocke ihn aus dem Schlaf wecken, ihn vor einer seine Geborgenheit bedrohenden Gefahr warnen und ihm gebieten, nicht mehr zu schlafen. Miss Barrett las den Brief schnell; sie las ihn langsam; sie schob ihn sorgsam in den Umschlag zurück. Auch sie schlief nicht mehr.

Ein paar Abende später lag wieder ein solcher Brief auf Wilsons Tablett, wieder wurde er schnell gelesen, langsam gelesen, nochmals und nochmals gelesen. Dann wurde er sorgfältig weggelegt, nicht in die Lade zu den vielen umfangreichen Briefen Miss Mitfords, sondern für sich allein. Nun zahlte Flush den vollen Preis für lange Jahre angesammelter Empfindungsfähigkeit, während welcher er auf Kissen zu Miss Barretts Füßen lag. Er konnte Zeichen lesen, die niemand sonst auch nur zu sehen vermochte; er konnte daraus, wie Miss Barretts Finger ihn berührten, erkennen, daß sie nur auf eines wartete – auf das Klopfen des Briefträgers, auf den Brief auf dem Tablett. Sie streichelte Flush vielleicht soeben mit leichten, gleichmäßigen Bewegungen, und plötzlich – da war das Klopfen! – zogen sich ihre Finger zusammen; er wurde wie in einem Schraubstock gehalten, während Wilson die Treppe heraufkam. Dann nahm sie den Brief, und er selbst wurde losgelassen und vergessen.

Jedoch, so überlegte er, was gab es da zu fürchten, solange keine Veränderung in Miss Barretts Leben erfolgte? Und es erfolgte keine. Keine neuen Besuche erschienen. Mr. Kenyon kam wie gewöhnlich; Miss Mitford kam wie gewöhnlich. Die Brüder und Schwestern kamen, und am Abend kam Mr. Barrett. Sie merkten nichts; sie argwöhnten nichts. Also beruhigte sich Flush und versuchte, wenn ein paar Abende ohne diesen Briefumschlag vergingen, zu glauben, der Feind sei abgezogen. Eine vermummte Gestalt, so stellte er sich vor, ein Mann in einem Mantel, mit einer Kapuze über den Kopf, war vorbeigegangen wie ein Einbrecher, hatte an der Tür gerüttelt und sich, da er sie bewacht fand, besiegt hinweggeschlichen. Die Gefahr, so versuchte Flush sich einzureden, war vorüber. Der Mann war weg. Und dann kam wieder so ein Brief.

Als diese Briefe immer regelmäßiger, Abend für Abend, kamen, begann Flush Anzeichen einer Veränderung an Miss Barrett selbst zu bemerken. Zum erstenmal in seiner Erfahrung war sie reizbar und ruhelos. Sie vermochte nicht zu lesen und sie vermochte nicht zu schreiben. Sie stand am Fenster und sah hinaus. Sie fragte Wilson besorgt nach dem Wetter – komme der Wind noch immer von Osten, sei schon irgendein Zeichen des Frühlings im Park zu sehen? O nein, erwiderte Wilson, es wehe noch immer ein schneidender Ostwind. Und Miss Barrett war, das empfand Flush ganz deutlich, zugleich erleichtert und bedrückt. Sie hustete. Sie klagte, sie fühle sich krank – aber nicht so krank wie sonst, wenn der Wind von Osten kam. Und dann, sobald sie allein waren, überlas sie wiederum den Brief vom vorigen Abend. Es war der längste, den sie bisher erhalten hatte. Viele Seiten waren es, dicht bedeckt, schwärzlich übersät von rätselhaftem, kleinem, jähem Gestrichel. So viel konnte Flush von seinem Posten zu ihren Füßen erspähen. Aber er konnte keinen Sinn in den Worten finden, die Miss Barrett vor sich hinmurmelte. Nur ihre Erregung konnte er spüren, als sie ans Ende der Seite kam und laut, obwohl im unverständlich, las: »Glauben Sie,

daß ich Sie in zwei Monaten, in drei Monaten sehen werde?«
Dann ergriff sie die Feder und ließ sie eilig und nervös über ein Blatt nach dem andern gleiten. Aber was besagten sie, die kleinen Wörter, die Miss Barrett schrieb? »Der April kommt. Es wird Mai, es wird Juni werden, wenn wir es erleben, und vielleicht werden wir es . . . Ich will Sie wirklich sehen, sobald das warme Wetter mich ein wenig wiederbelebt hat . . . Aber ich werde mich anfangs vor Ihnen fürchten – obgleich ich mich nun, da ich dies schreibe, nicht fürchte. Sie sind Paracelsus, und ich bin eine Einsiedlerin, deren Nerven auf der Streckfolter zerrissen wurden und nun lose hängen und schon bei einem Schritt, einem Atemzug erbeben.«
Flush konnte nicht lesen, was sie eine Handbreite über seinem Kopf schrieb. Aber er wußte so genau, als hätte er jedes Wort lesen können, wie seltsam erregt seine Herrin war, während sie schrieb; welche zwiespältigen Wünsche sie erschütterten – daß der April käme; daß der April nicht käme; daß sie diesen unbekannten Mann sogleich sähe; daß sie ihn niemals sähe. Auch Flush erbebte wie sie bei einem Schritt, einem Atemzug. Und unerbittlich gingen die Tage dahin. Der Wind wölbte die Gardine. Die Sonne ließ die Büsten weiß erschimmern. Ein Vogel sang in dem Hintergäßchen. Männer gingen, frische Blumen zum Verkauf ausrufend, durch die Wimpo-

le Street. Alle diese Laute bedeuteten, so wußte er, daß der April komme und der Mai und der Juni – nichts konnte das Herannahen dieses gefürchteten Frühlings aufhalten. Denn was käme mit ihm? Irgend etwas Schreckliches, etwas Entsetzliches – etwas, das Miss Barrett fürchtete und das auch Flush fürchtete. Er fuhr nun auf beim Geräusch eines Schritts – aber es war nur Henrietta; eines Anklopfens – aber es war nur Mr. Kenyon.

So vergingen der April und die ersten zwanzig Tage des Mai. Und dann, am 21. Mai, wußte Flush, daß nun der Tag gekommen war. Denn Dienstag, den 21. Mai, blickte Miss Barrett forschend in den Spiegel, hüllte sich anmutig in ihre indischen Schals, ließ Wilson den Lehnstuhl näher, aber nicht zu nahe stellen, rückte dies und das und noch etwas zurecht und lehnte dann aufrecht in den Kissen. Flush lagerte sich gespannt zu ihren Füßen. Sie warteten, allein miteinander. Endlich schlug die Uhr der Marylebone-Kirche zwei. Sie warteten. Dann tat die Uhr der Marylebone-Kirche einen einzelnen Schlag – es war halb drei. Und als der einzelne Schlag verklang, ertönte ein entschlossenes Pochen an der Haustür. Miss Barrett wurde bleich; sie lag ganz still. Auch Flush lag still. Die Treppe herauf kam der gefürchtete, der unerbittliche Schritt; die Treppe herauf, so wußte Flush, kam die vermummte, finstre Mitternachtsgestalt – der Mann in der

Kapuze. Nun griff seine Hand nach der Tür. Der Türknopf drehte sich. Da stand er.

»Mr. Browning«, meldete Wilson.

Flush, der Miss Barrett beobachtete, sah eine Röte ihr ins Gesicht schießen, sah ihre Augen aufleuchten und ihre Lippen sich öffnen.

»Mr. Browning!« rief sie aus.

Seine gelben Handschuhe in den Händen zwirbelnd, die Augen halb zugekniffen, wohlgepflegt, herrisch, energisch, kam Mr. Browning durchs Zimmer geschritten. Er ergriff Miss Barretts Hand und sank in den Lehnstuhl neben ihrem Sofa. Sogleich begannen sie zu reden.

Was Flush so entsetzlich war, während sie redeten, das war seine Einsamkeit. Einst hatte er das Gefühl gehabt, daß er und Miss Barrett in einer von einem Feuer erhellten Höhle beieinander seien. Nun war die Höhle nicht mehr erhellt. Sie war dunkel und feucht; Miss Barrett war außerhalb. Er blickte umher. Alles hatte sich verändert. Der Bücherschrank, die fünf Büsten – sie waren nicht mehr freundliche, beifällig präsidierende Gottheiten; sie waren fremd, voller Strenge. Er veränderte seine Lage zu Miss Barretts Füßen. Sie beachtete es nicht. Er winselte. Die beiden hörten ihn nicht. Zuletzt lag er still, in angstvoller, stummer Qual.

Das Gespräch ging weiter; aber es floß und plätscherte nicht, wie Gespräch gewöhnlich floß und plätscherte. Es sprang und sprühte. Es versiegte und sprudelte wieder auf. Flush hatte noch nie diesen Ton in Miss Barretts Stimme gehört, diese Lebhaftigkeit, diese Erregung. Ihre Wangen waren gerötet, wie er sie nie gerötet gesehen hatte. Ihre großen Augen leuchteten, wie er sie nie leuchten gesehen hatte. Die Uhr schlug vier, und noch immer redeten die beiden. Dann schlug sie halb fünf, und da sprang Mr. Browning auf. Entsetzliche Entschlossenheit, eine fürchterliche Kühnheit sprach aus jeder Bewegung. Im nächsten Augenblick hatte er Miss Barrett die Hand gedrückt, hatte er Hut und Handschuhe ergriffen, hatte er sich verabschiedet. Sie hörten ihn die Treppe hinunterlaufen. Schwungvoll fiel die Haustür hinter ihm ins Schloß. Er war gegangen.

Miss Barrett aber sank nicht in die Kissen zurück, wie sie es tat, wenn Mr. Kenyon oder Miss Mitford weggegangen war. Nun saß sie noch immer aufrecht; ihre Augen leuchteten, ihre Wangen glühten noch immer. Sie schien noch immer das Gefühl zu haben, daß Mr. Browning bei ihr sei. Flush stupste sie. Zusammenfahrend erinnerte sie sich seiner. Sie tätschelte ihm leicht und voller Freude den Kopf, und lächelnd warf sie ihm einen ganz sonderbaren Blick zu – als wünschte sie, er könnte sprechen, als erwartete sie von ihm, daß auch er fühle, was sie fühlte. Und dann lachte sie mitleidig, als wäre das unsinnig: Flush, der arme Flush, vermochte nichts von alledem zu empfinden, was sie empfand; er konnte nichts von alledem wissen, was sie wußte. Noch nie hatten solche Weiten entmutigenden Abstands sie getrennt. Unbeachtet lag er da, fühlte, daß er ebensogut gar nicht dasein könnte; Miss Barrett dachte nicht mehr an seine Gegenwart.

Und an diesem Abend aß sie ihr Viertel Huhn bis auf die Knochen auf. Kein Stückchen Kartoffel oder Haut wurde Flush zugeworfen. Als Mr. Barrett wie gewöhnlich kam, staunte Flush über seine Stumpfheit. Er setzte sich in denselben Armstuhl, in dem jener Mann gesessen hatte, sein Kopf lehnte an demselben Kissen, an dem der Kopf des Mannes gelehnt hatte, und doch merkte er nichts. »Weißt du nicht«, verwunderte sich Flush, »wer in diesem Stuhl gesessen hat? Kannst du ihn nicht wittern?« Denn für Flush roch das ganze Zimmer noch nach Mr. Brownings Anwesenheit. Die Luft strich an dem Bücherschrank vorbei und kreiselte in kleinen Wellchen um die Köpfe der fünf bleichen Büsten, aber der schwerfällige Mann saß, nur seiner selbst bewußt, bei seiner Tochter. Er merkte nichts. Er argwöhnte nichts. Ganz entsetzt über solche Stumpfheit, schlüpfte Flush an ihm vorbei aus dem Zimmer.

Aber trotz ihrer erstaunlichen Blindheit begann sogar Miss Barretts Familie, als die Wochen verstrichen, eine Veränderung an Miss Barrett zu gewahren. Sie verließ ihr Zimmer und ging hinunter, um im Salon zu sitzen. Dann tat sie etwas, das sie schon seit langer, langer Zeit nicht mehr getan hatte – sie ging tatsächlich auf eignen Füßen mit ihrer Schwester bis zu dem Tor des Regent's Parks in Devonshire Place. Ihre Freunde, ihre Familie staunten über die Besserung ihres Befindens. Aber Flush allein wußte, woher ihre Kraft kam, – von dem unheimlichen Mann da im Lehnstuhl. Er erschien immer wieder. Anfangs einmal, dann zweimal in der Woche. Er kam immer am Nachmittag und ging am Nachmittag. Miss Barrett empfing ihn immer allein. Und an Tagen, an welchen er nicht kam, kamen seine Briefe. Und war er selbst gegangen, waren seine Blumen da, und am Vormittag, wenn sie allein war, schrieb ihm Miss Barrett. Dieser unerklärliche, gestraffte, jähe, lebensvolle Mann mit seinen schwarzen Haaren, seinen roten Wangen und den gelben Handschuhen war überall. Natürlich fühlte sich Miss Barrett wohler, selbstverständlich vermochte sie zu gehn. Flush selbst fühlte, daß es unmöglich war, stillzuliegen. Alte Wünsche lebten wieder auf, eine neue Ruhelosigkeit ergriff ihn. Sein Schlaf war voller Träume. Er träumte, wie nicht mehr seit den alten Zeiten in Three Mile Cross, von Hasen, die aus dem hohen Gras aufsprangen, von Fasanen, die mit schleppenden Schwanzfedern aufflogen, von Rebhühnern, die sich schwirrend aus den Stoppeln erhoben. Er träumte, daß er jage, daß er hinter einer gefleckten Spanielhündin her sei, die vor ihm floh, die ihm entwischte. Er war in Spanien; er war in Wales; er war in Berkshire; er flüchtete vor den Knüppeln der Wächter im Regent's Park. Dann öffnete er die Augen. Es waren keine Hasen da und keine Rebhühner; keine Peitschen knallten, und keine dunkelhäutigen Männer riefen »Span! Span!« Nur Mr. Browning war da, in dem Lehnstuhl, und redete mit Miss Barrett, die auf dem Sofa lag.

Schlafen wurde unmöglich, solange dieser Mann da war. Flush lag mit weit offenen Augen und lauschte. Obgleich er keinen Sinn auch den kleinsten Wörtern entnehmen konnte, die von halb drei bis halb fünf, manchmal dreimal in der Woche, über seinen Kopf hinschwirrten, vermochte er doch mit erschreckender Deutlichkeit zu erkennen, daß der Ton der Wörter sich veränderte. Miss Barretts Stimme hatte anfangs gezwungen und unnatürlich lebhaft geklungen. Nun hatte sie eine Wärme und Unbefangenheit gewonnen, die er nie zuvor gehört hatte. Und so oft der Mann erschien, kam irgendein neuer Klang in die Stimmen – bald machten sie ein drolliges Geschnatter, bald strichen sie über ihn hin wie Vögel mit ausgebreiteten Schwingen, bald gurrten und kluckten sie, als wären sie zwei Tauben im Nest; und dann erhob sich wieder Miss Barretts

Stimme, stieg auf und kreiste in der Luft; und nun bellte Mr. Brownings Stimme ihr scharfes, hart klapperndes Lachen hervor, und dann war nur ein Gemurmel zu hören, nur ein ruhiges Summen, wenn die zwei Stimmen sich vereinten. Aber als aus dem Sommer Herbst wurde, hörte Flush mit angstvollem Entsetzen einen andern Ton heraus. In der Stimme des Mannes war etwas Neues, eine Dringlichkeit, eine Beharrlichkeit und Energie, vor der sich, wie Flush merkte, Miss Barrett von Angst überkommen fühlte. Ihre Stimme flatterte, zögerte, schien zu schwanken, zu verzagen, zu flehen und zu keuchen, als bäte sie um eine Atempause, eine Rast – als fürchtete sie sich. Da verstummte der Mann.

Um ihn selbst kümmerten sich die beiden wenig. Er hätte ein Holzklotz sein können, der da zu Miss Barretts Füßen lag, so viel Aufmerksamkeit schenkte ihm Mr. Browning. Manchmal kraute er ihm, wenn er an ihm vorbeikam, den Kopf auf eine lebhafte, jähe Weise, energisch, ohne Gefühl. Was immer dieses Krauen bedeuten mochte, Flush fühlte nichts als heftige Abneigung gegen Mr. Browning. Schon seine Erscheinung – so geschniegelt, so gestrafft, so muskulös, die gelben Handschuhe in der Hand zwirbelnd, – machte ihm lüsterne Zähne. Oh, wenn er sie nur in den Stoff dieser Hosen schlagen könnte! Und doch wagte er es nicht. Im ganzen genommen, war dieser Winter – von 1845

auf 1846 – der unerquicklichste, den Flush je erlebt hatte.
Der Winter verging, und der Frühling kam wieder. Flush konnte kein Ende dieser Affäre absehen, und dabei eilten, das spürte er, die Tage – ganz so, wie ein Fluß, obgleich er Bäume und grasende Kühe und auf die Baumwipfel zurückkehrende Krähen widerspiegelt, unausweichlich einem Wasserfall zuströmt, – so eilten, das spürte Flush, diese Tage einer Katastrophe zu. Gerüchte von einer Veränderung lagen in der Luft. Manchmal dachte er, daß ein ungeheurer Auszug bevorstehe. Es herrschte diese unbeschreibliche Unruhe im Haus, die – war es möglich? – einer Reise vorangeht. Koffer wurden tatsächlich abgestaubt, wurden, so unglaublich es scheinen mochte, geöffnet. Dann wurden sie wieder geschlossen. Nein, es war nicht die Familie, die umzuziehen beabsichtigte. Die Brüder und Schwestern gingen noch immer wie gewöhnlich ein und aus; Mr. Barrett stattete, nachdem der Mann gegangen war, zu gewohnter Stunde seinen allabendlichen Besuch ab. Was war es also, was geschehen würde? Denn im Verlauf des Sommers 1846 gewann Flush die Überzeugung, daß eine Veränderung herannahe. Er konnte das auch aus dem veränderten Klang der Stimmen hören. Miss Barretts Stimme, die flehend und furchtsam geklungen hatte, verlor ihren schwankenden Ton. Sie erklang mit einer

Entschlossenheit und Kühnheit, die Flush nie zuvor in ihr gehört hatte. Wenn Mr. Barrett nur den Ton, in dem sie diesen Eindringling willkommen hieß, hören könnte, das Lachen, mit dem sie ihn begrüßte, den Ausruf, mit dem er ihre Hand in die seine nahm! Aber niemand war bei ihnen im Zimmer außer Flush. Für ihn hatte die Veränderung etwas äußerst Verdrießliches. Nicht nur, daß Miss Barrett sich in ihrem Verhalten gegenüber Mr. Browning änderte – sie änderte sich in jeder Beziehung, sogar in ihren Gefühlen für Flush. Sie behandelte seine Annäherungen schroffer, sie schnitt lachend seine Liebkosungen ab, sie gab ihm das Gefühl, daß etwas Kleinliches, Läppisches, Übertriebenes an seinem alten liebevollen Gehaben sei. Seine Eitelkeit war verletzt, seine Eifersucht entflammt. Endlich, als der Juli kam, beschloß er, wenigstens einen heftigen Versuch zu machen, ihre Gunst wiederzugewinnen und den Eindringling vielleicht zum Abzug zu zwingen. Wie er diese doppelte Absicht vollbringen sollte, wußte er nicht und vermochte es sich nicht auszudenken. Aber plötzlich, am 8. Juli, überwältigten ihn seine Gefühle. Er stürzte sich auf Mr. Browning und biß ihn grimmig. Endlich, endlich begegneten seine Zähne einander in dem makellosen Stoff von Mr. Brownings Hose! Aber das Bein darin war hart wie Eisen. Mr. Kenyons Bein war Butter im Vergleich damit gewesen. Mr. Browning schnellte ihn mit einer Handbewegung weg und sprach weiter. Weder er noch Miss Barrett schienen den Angriff für der Beachtung wert zu halten. Abgeschlagen, völlig vernichtet, keinen einzigen Pfeil mehr im Köcher, sank Flush keuchend vor Wut und Enttäuschung auf seine Kissen zurück. Doch er hatte Miss Barretts Einsicht unterschätzt. Als Mr. Browning gegangen war, rief sie ihn zu sich und ließ ihm die schwerste Strafe zuteil werden, die er je erhielt. Zuerst gab sie ihm eine hinters Ohr; das war nichts. Wunderlicherweise war ihm der Schlag eher angenehm; er hätte gern einen zweiten hingenommen. Dann aber sagte sie in einem nüchternen Ton unumstößlicher Gewißheit, daß sie ihn nie wieder lieb haben werde.

Das traf ihn ins Herz. Alle diese Jahre hatten sie gemeinsam verlebt, alles miteinander geteilt, und nun wollte sie ihn, weil er einen Augenblick lang versagt hatte, nicht mehr lieb haben! Dann nahm sie, wie um diese Verabschiedung vollständig zu machen, die Blumen, die Mr. Browning ihr gebracht hatte, und begann, sie in einer Vase ins Wasser zu tun. Es war, so fand Flush, eine berechnete und absichtliche Bosheit, eine Handlung, die darauf abzielte, ihn ganz und gar seine Unbedeutendheit empfinden zu lassen. »Diese Rose ist von ihm«, schien sie zu sagen, »und auch diese Nelke. So soll dann die rote neben der gelben leuchten, die

gelbe neben der roten. Und das grüne Blatt mag hierher kommen.«
Und eine Blume zur andern fügend trat sie zurück und sah sie an, als stünde er – der Mann mit den gelben Handschuhen – vor ihr als ein Strauß leuchtend bunter Blumen. Aber auch so konnte sie, sogar während sie die Blätter und Blumen zusammendrängte, nicht ganz den unentwegten Blick übersehen, mit dem Flush sie anstarrte. Sie konnte den »Ausdruck stiller Verzweiflung auf seinem Gesicht« nicht leugnen. Sie konnte nicht anders, sie mußte sich erweichen. »Endlich sagte ich: ›Wenn du brav bist, Flush, darfst du herkommen und sagen, daß es dir leid tut‹, worauf er durchs Zimmer geschossen kam und, am ganzen Leibe zitternd, mir erst die eine, dann die andre Hand küßte, mir dann seine Pfoten reichte und mit so flehenden Augen ins Gesicht blickte, daß auch Du ihm sicherlich verziehen hättest, wie ich es tat.« So lautete ihr Bericht darüber an Mr. Browning. Und er erwiderte selbstverständlich: »Ach, der arme Flush, glaubst Du, ich liebe und achte ihn nicht um seiner eifersüchtigen Überwachung willen – seines Zögerns, einen andern Menschen kennenzulernen, nachdem er bereits Dich kannte?« Es war leicht genug für Mr. Browning, großmütig zu sein, aber diese lässige Großmut war vielleicht der schärfste Dorn, der sich Flush in die Flanke bohrte.

Ein andrer Vorfall, wenige Tage später, zeigte, wie weit sie, die einander so nahe gewesen, nun getrennt waren, wie wenig Flush nun auf Miss Barretts Mitgefühl zählen konnte. Eines Nachmittags, als Mr. Browning gegangen war, beschloß Miss Barrett, mit ihrer Schwester zum Regent's Park zu fahren. Als sie beim Parktor ausstiegen, klemmte der zufallende Wagenschlag dem armen Flush die Pfote ein. Er »schrie jämmerlich« und streckte sie hoch, damit Miss Barrett ihn bemitleide. In frühern Tagen wäre er für viel Geringeres reichlich mit Mitgefühl überhäuft worden. Nun aber kam ein unbeteiligter, spöttisch prüfender Ausdruck in ihre Augen. Sie lachte ihn aus, glaubte, er verstelle sich: »... kaum war er aufs Gras gelangt, als er, ohne noch weiter daran zu denken, davonraste«, schrieb sie und bemerkte dazu sarkastisch: »Flush verwertet sein Mißgeschick immer, soviel er kann; er ist aus der Byronschen Schule, *il se pose en victime.*« Aber darin beurteilte ihn Miss Barrett, die ganz mit ihren eignen Gefühlen beschäftigt war, völlig falsch. Wäre seine Pfote gebrochen gewesen, hätte er auch dann noch Sprünge gemacht. Diese Schneidigkeit war seine Antwort auf ihren Spott. »Mit dir bin ich fertig!« das war ihr Sinn, den er ihr im Laufen hinschleuderte. Die Blumen rochen ihm bitter. Das Gras sengte seine Pfoten. Der Staub füllte seine Nase mit Enttäuschung. Aber er lief, er sprang.

»Hunde müssen an der Kette geführt werden« – hier war die wohlbekannte Warnungstafel. Und hier waren die Parkwächter mit den hohen Hüten, mit ihren Knüppeln, um ihr Geltung zu verschaffen. Aber »müssen« hatte jede Bedeutung für ihn verloren. Die Kette der Liebe war gerissen. Er wollte laufen, wo es ihm gefiel, hinter Rebhühnern, hinter Spanielhündinnen herjagen, mitten in ein Dahlienbeet hineinspringen, leuchtend rote und gelbe Rosen knicken. Mochten die Parkwächter ihre Knüppel schleudern, wenn sie wollten, mochten sie ihm die Hirnschale zerschmettern, mochte er tot, mit heraushängenden Eingeweiden, zu Miss Barretts Füßen hinfallen! – es war ihm einerlei. Aber natürlich geschah nichts dergleichen. Niemand verfolgte ihn; niemand bemerkte ihn. Der einzige Parkwächter plauderte mit einem Kindermädchen. Endlich kehrte Flush zu Miss Barrett zurück, und sie nahm ihn geistesabwesend an die Kette und führte ihn nach Hause.

Nach zwei solchen Demütigungen wäre ein gewöhnlicher Hund, ja sogar ein gewöhnlicher Mensch, wohl seelisch gebrochen gewesen. Aber Flush hatte bei all seiner Sanftmut und Seidigkeit Augen, die lodern, hatte Leidenschaften, die nicht nur hell aufflammen, sondern auch düster schwelen konnten. Er beschloß, seinem Feind von Angesicht zu Angesicht und allein gegenüberzutreten. Kein

Dritter sollte diesen Entscheidungskampf unterbrechen; er sollte von den Hauptbeteiligten selbst ausgetragen werden. Am Nachmittag des 21. Juli, einem Dienstag, schlich Flush darum die Treppe hinunter und wartete in der Halle. Er hatte nicht lange zu warten. Bald hörte er den wohlbekannten Schritt draußen auf der Straße, hörte er das nur allzu vertraute Klopfen an der Haustür. Mr. Browning wurde eingelassen. Unbestimmt den drohenden Angriff ahnend und entschlossen, ihm im allerversöhnlichsten Geist zu begegnen, war Mr. Browning mit einem Päckchen kleiner Kuchen versehen gekommen. Und hier wartete ja Flush schon in der Halle. Mr. Browning machte offenbar einen gutgemeinten Versuch, ihn zu streicheln. Vielleicht ging er sogar so weit, ihm einen Kuchen anzubieten. Die Gebärde genügte. Flush sprang mit beispielloser Heftigkeit auf seinen Feind los. Wieder schlug er seine Zähne in Mr. Brownings Hose. Aber zu seinem Unglück vergaß er in der Aufregung des Augenblicks das Allerwichtigste: Schweigen. Er bellte, er stürzte sich laut bellend auf Mr. Browning. Der Lärm genügte, um das Haus zu alarmieren. Wilson kam die Treppe herabgeeilt. Wilson klapste ihn tüchtig. Wilson überwältigte ihn vollständig. Wilson führte ihn schmählich ab. Eine Schmach, das war es, Mr. Browning angefallen zu haben und von Wilson geschlagen worden zu sein. Mr. Browning hatte keinen Finger gerührt. Die Kuchen mitnehmend, begab sich Mr. Browning unverwundet, unbewegt, völlig gefaßt die Treppe hinauf allein in das Schlafzimmer. Flush wurde weggeführt.

Nach zweieinhalb Stunden jämmerlicher Haft mit Papageien und Schaben, Farnkräutern und Bratpfannen in der Küche wurde Flush vor Miss Barretts Angesicht befohlen. Sie lag auf dem Sofa, und ihre Schwester Arabella saß bei ihr. Seiner gerechten Sache bewußt, ging Flush geradewegs zu ihr. Aber sie wollte ihn nicht ansehen. Er wandte sich an Arabella. Die sagte nur: »Schlimmer Flush, geh weg!« Wilson war auch hier – die furchtgebietende, die unversöhnliche Wilson. An sie wandte sich nun Miss Barrett um Auskunft. Sie habe ihn geschlagen, sagte Wilson, »weil das nur recht war«. Und sie habe ihn, fügte sie hinzu, nur mit der Hand geschlagen. Auf ihre Aussage hin wurde Flush verurteilt. Der Angriff, so nahm Miss Barrett an, sei nicht auf eine Herausforderung erfolgt; sie billigte Mr. Browning jede Tugend, jede Großmut zu. Flush' Angriff war von einem Dienstboten abgeschlagen worden, ohne Peitsche, »weil es recht war«. Es gab nichts weiter darüber zu sagen. Miss Barrett entschied gegen ihn. »So legte er sich denn auf den Boden zu meinen Füßen«, schrieb sie, »und sah unter den Brauen hervor zu mir auf.« Aber mochte er noch so viel zu ihr aufsehen, Miss Barrett weigerte sich, seinen Augen auch nur zu begegnen. Dort lag sie auf dem Sofa, und hier lag er auf dem Boden.

Und als er, ein Verbannter, so auf dem Teppich lag, durchlebte er einen dieser wirbelnden Gefühlsstürme, in denen die Seele entweder auf Felsen geschleudert wird und zerschellt oder an einem Grasbüschel Halt findet, sich langsam und mühevoll emporzieht, das Trockene gewinnt und endlich, aus einem zerstörten All hinaufgelangt, eine auf einer andern Ebene neugeschaffene Welt überschaut. Was wäre es nun – Vernichtung oder Neuerrichtung? Das war die Frage. Hier lassen sich Wesen und Verlauf seines Zwiespalts nur ungefähr verfolgen, denn sein Selbstgespräch war stumm. Zweimal hatte Flush sein möglichstes getan, den Feind zu töten; zweimal war es ihm mißlungen. Und warum war es ihm mißlungen? fragte er sich. Weil er Miss Barrett liebte. Als er unter seinen Brauen hervor zu ihr aufsah, wie sie da streng und stumm auf dem Sofa lag, wurde ihm die Erkenntnis, daß er sie für immer lieben müsse. Aber solche Dinge sind nicht einfach, sondern kompliziert. Wenn er Mr. Browning biß, biß er auch sie. Haß ist nicht nur Haß; Haß ist auch Liebe. Hier schüttelte Flush die Ohren in qualvoller Ratlosigkeit; er wälzte sich unbehaglich. Mr. Browning war Miss Barrett; Miss Barrett war Mr. Browning. Liebe war Haß, und Haß war Liebe. Er streckte sich, winselte und hob den Kopf vom Boden. Die Uhr schlug acht. Drei Stunden und darüber hatte er hier gelegen, von diesem Zwiespalt hin- und hergerissen.

Miss Barrett – streng, kalt und unversöhnlich – legte die Feder hin. »Der schlimme Flush!« hatte sie Mr. Browning geschrieben, ». . . wenn Wesen wie Flush sich so wild wie Hunde betragen, müssen sie eben die Folgen auf sich nehmen, wie sonst Hunde! Und Du, der Du so gut und sanft zu ihm warst! Jeder andre als Du hätte zumindest Scheltworte gebraucht.« Wirklich, es wäre vielleicht gut, so dachte sie, einen Maulkorb zu kaufen. Und dann sah sie auf und gewahrte Flush. Etwas Ungewöhnliches in seinem Blick muß ihr aufgefallen sein. Sie hielt inne, sie legte die Feder hin. Einmal hatte er sie mit einem Kuß geweckt, und sie hatte geglaubt, er sei Pan. Er hatte Huhn und in Sahne getunkten Reispudding gefressen. Er hatte um ihretwillen dem Sonnenschein entsagt. Sie rief ihn zu sich und sagte ihm, daß sie ihm verzeihe.

Aber Verzeihung zu erlangen wie für eine vorübergehende Laune, wieder aufs Sofa zurückgenommen zu werden, als hätte er in seiner Seelenpein auf dem Fußboden nichts gelernt, als wäre er noch derselbe Hund, wenn er tatsächlich ein ganz andrer war, das war unmöglich. Für den Augenblick fügte sich Flush, weil er so erschöpft war. Ein paar Tage später jedoch ereignete sich zwischen ihm und Miss Barrett eine bemerkenswerte Szene, welche die Tiefe seiner Empfindungen bewies. Mr. Browning war dagewesen und war gegangen; Flush war allein mit Miss Barrett. Gewohnheitsgemäß wäre er nun ihr zu Füßen aufs Sofa gesprungen. Diesmal aber, statt wie gewöhnlich hinaufzuspringen und ihre Liebkosung zu fordern, ging Flush zu dem nun »Mr. Brownings Lehnstuhl« genannten Möbel. Sonst war ihm dieser Lehnstuhl ein Greuel gewesen; er barg noch immer die Gestalt seines Feinds. Aber so gewaltig war der Sieg, den er sich abgerungen hatte, so groß war die Nächstenliebe, die ihn durchdrang, daß er den Lehnstuhl nicht nur ansah, sondern, während er ihn ansah, »in Verzückung geriet«. Miss Barrett, die ihn gespannt beobachtete, bemerkte dieses ungewöhnliche, dieses bedeutsame Benehmen. Dann sah sie ihn die Augen einem Tischchen zuwenden. Darauf lag noch immer das Päckchen mit Mr. Brownings Kuchen. Er »erinnerte mich daran, daß die Kuchen, die Du hiergelassen hattest, auf dem Tisch lagen«. Es waren nun alte Kuchen, geschmacklose, jeder sinnlichen Lockung beraubte Kuchen. Was Flush meinte, war klar. Er hatte sich, als die Kuchen frisch waren, geweigert, sie zu fressen, weil sie ihm von einem Feind angeboten wurden. Er wollte sie nun, da sie altbacken waren, fressen, weil sie von einem Feind, der zum

Freund geworden war, kamen, weil sie Symbole eines in Liebe verwandelten Hasses waren. Ja, so gab er zu verstehen, nun wolle er sie fressen. Darum stand Miss Barrett auf und holte die Kuchen. Und als sie sie ihm reichte, ermahnte sie ihn. »Ich erklärte ihm, daß Du sie für ihn gebracht hattest und daß er sich daher seiner früheren Schlechtigkeit tüchtig schämen und sich entschließen müsse, Dich zu lieben und in Zukunft nicht mehr zu beißen, – und dann wurde ihm erlaubt, den Nutzen aus Deiner Güte zu ziehen.« Als er die schmalen Brocken dieses widerlichen Backwerks – es war schimmelig, es war von Fliegenspuren bedeckt, es war säuerlich – herunterschluckte, wiederholte Flush feierlich in seiner Sprache die Worte, die sie gebraucht hatte: Er schwur, Mr. Browning zu lieben und ihn nicht mehr zu beißen.

Er wurde sogleich belohnt – nicht mit altbackenen Kuchen, nicht mit Hühnerflügeln, nicht mit Liebkosungen, deren er nun ohnedies sicher war, auch nicht mit der Erlaubnis, wieder zu Miss Barretts Füßen auf dem Sofa zu liegen. Er wurde seelisch belohnt, doch die Wirkungen waren seltsam körperlich. Wie ein Stück Eisen, das alles natürliche Leben unter sich verätzt, vereitert und tötet, hatte der Haß während aller dieser Monate auf seiner Seele gelegen. Nun war das Eisen durch scharfe Messer und schmerzvolle Chirurgie herausgeschnitten worden. Nun kreiste das Blut wieder, die Nerven zuckten und bebten, Fleisch bildete sich; die Natur jubelte auf wie im Frühling. Flush hörte wieder die Vögel singen, er spürte die Blätter auf den Bäumen wachsen; während er auf dem Sofa zu Miss Barretts Füßen lag, rannen Glück und Wonne durch seine Adern. Er war nun *mit* den beiden, nicht gegen sie; ihre Hoffnungen, ihre Wünsche, ihre Sehnsüchte waren die seinen. Flush hätte nun aus Sympathie mit Mr. Browning bellen können. Die kurzen, scharfen Worte bewirkten, daß sich seine Nackenhaare vor tatenlustiger Hilfsbereitschaft hoben. »Ich brauche eine Woche von Dienstagen«, rief Mr. Browning, »dann einen Monat – ein Jahr – ein Leben!« Auch ich, echote Flush, brauche einen Monat – ein Jahr – ein ganzes Leben! Ich brauche alles, was ihr braucht. Alle drei sind wir Verschworene für die glorreichste Sache. Wir sind vereint in Mitgefühl, vereint in Haß, vereint in Trotz gegen finstere, dräuende Tyrannei. Wir sind vereint in Liebe! Kurzum, alle seine Hoffnungen waren nun auf einen undeutlich wahrgenommenen, aber darum nicht weniger gewiß herannahenden Triumph gerichtet, auf einen glorreichen Sieg, der gemeinsam ihrer würde, – da sah er sich plötzlich ohne ein warnendes Wort, mitten aus zivilisiertem Leben, Sicherheit und Freundschaft – er befand sich mit Miss Barrett und ihrer Schwester in einem

Kaufladen in der Vere Street; es war der Vormittag des 1. September, eines Dienstags, – kopfüber in Finsternis gestürzt. Die Falltür eines Verlieses schloß sich über ihm. Er war gestohlen worden.

Viertes Kapitel

WHITECHAPEL

»Heute Vormittag fuhren Arabel und ich, und er mit uns«, schrieb Miss Barrett, »in einem Einspänner in die Vere Street, wo wir einiges zu tun hatten, und er folgte uns wie gewöhnlich in einen Laden und wieder hinaus und war dicht hinter mir, als ich in den Wagen stieg. Sobald ich saß, rief ich: ›Flush!‹, und Arabel blickte nach Flush umher – aber es war kein Flush da. Er war in diesem Augenblick, sozusagen unter den Rädern hervor, weggefangen worden, verstehst Du?« Mr. Browning verstand vollkommen. Miss Barrett hatte die Kette vergessen, daher war Flush gestohlen worden. Das war im Jahre 1846 für die Wimpole Street und ihre Umgebung Gesetz.

Nichts hätte allerdings den Anschein von Solidität und Sicherheit der Wimpole Street übertreffen können. Soweit ein kränklicher Mensch gehn oder in Rollstuhl geschoben werden konnte, bot sich dem Auge nichts andres als angenehme Durchblicke zwischen Reihen von vierstöckigen Häusern, Spiegelscheiben und Mahagonitüren. Sogar eine zweispännige Equipage brauchte bei einer nachmittägigen Ausfahrt, wenn der Kutscher umsichtig war, die Grenzen von Anstand und Ehrbarkeit nicht zu verlassen. Wenn man aber nicht kränklich war, wenn man nicht Pferd und Wagen besaß, wenn man, wie soviele Leute, rüstig und rührig war und gern zu Fuß ging, konnte man kaum einen Steinwurf weit von der Wimpole Street Dinge sehen, eine Sprache hören und Düfte riechen, die sogar die Sicherheit der Wimpole Street höchst zweifelhaft machten. Das fand auch ein gewisser Mr. Thomas Beames, als er es sich um jene Zeit in den Kopf setzte, in London spazierenzugehn. Er war überrascht, ja er war entsetzt. Prächtige Gebäude ragten in Westminster auf, und doch gab es dicht hinter ihnen verfallene Ställe, in welchen, über Herden von Kühen zusammengepfercht, Menschen lebten – »zwei auf sieben Quadratfuß Fläche«. Er fühlte, daß er der Welt sagen müsse, was er gesehen hatte, aber wie sollte man unanstößig einen Schlafraum beschreiben, darin zwei oder drei Familien über einem Kuhstall hausten, wenn der Kuhstall keine Entlüftung hatte, wenn die Kühe unter diesem Schlafraum gemolken, geschlachtet und auch verzehrt wurden? Das war ein Unterfangen, das, wie Mr. Beames, als er sich daran machte, entdeckte, alle Ausdrucksmöglichkeiten der englischen Sprache auf eine schwere Probe stellte. Und doch fühlte er, daß er beschreiben müsse, was er im Lauf eines

Nachmittagsspaziergangs durch einige der aristokratischsten Pfarrsprengel Londons gesehen hatte. Die Typhusgefahr war so groß! Die Reichen ahnten gar nicht, welchen Gefahren sie ausgesetzt waren. Er konnte nicht völlig schweigen, wenn er solche Zustände entdeckte, wie er in Westminster, in Paddington und in Marylebone vorfand. Hier zum Beispiel stand ein altes Palais, das früher einmal irgendeinem hochadeligen Herrn gehört hatte. Es fanden sich noch Reste von Marmorkaminen, die Zimmer waren getäfelt, die Treppengeländer reich geschnitzt, und doch faulten die Fußböden, die Wände starrten von Schmutz, und Horden halbnackter Männer und Frauen hatten in dem ehemaligen Bankettsaal ihre Wohnstätte. Er ging weiter. Hier wieder hatte ein unternehmender Baumeister einen alten Familiensitz abgerissen. An dessen Stelle hatte er eine schwindelhaft gebaute Mietkaserne errichtet. Der Regen tropfte durchs Dach, der Wind blies durch die Mauern. Er sah ein Kind eine Kanne in ein grellgrünes Rinnsal tauchen und fragte, ob sie alle dieses Wasser tränken. Ja, und sie wuschen sich auch darin, denn der Hausbesitzer erlaubte nur, daß der Wasserhahn zweimal die Woche geöffnet werde. Solche Anblicke waren um so überraschender, als man in den gesittetsten und zivilisiertesten Stadtteilen Londons auf sie stoßen konnte – »die aristokratischesten Pfarrsprengel haben ihren Anteil an ihnen«. Hinter Miss Barretts Schlafzimmer, zum Beispiel, lag eins der schlimmsten Elendsquartiere. In unmittelbarer Nähe solcher Achtbarkeit gab es solche Verkommenheit. Aber es gab natürlich auch gewisse Stadtteile, die längst ganz den Armen überlassen waren und ungehindert weiter verlotterten. In Whitechapel oder zum Beispiel auf einem dreieckigen Grundstück am untern Ende der Tottenham Court Road hatten Armut, Laster und Elend Jahrhunderte ungestört gehaust, gewimmelt und sich fortgepflanzt. Eine dichte Masse altersschwacher Gebäude in St. Giles war »nahezu eine Strafkolonie, eine Armenmetropole für sich«. Recht treffend wurde eine solche Ansiedlung, in der sich die Armen zusammendrängten, ein Krähengenist genannt. Denn hier schwärmten Menschen durch- und übereinander wie Krähen schwärzlich im Geäst von Bäumen. Nur waren diese hier nicht Bäume, sie waren kaum noch Häuser. Sie waren bloß Waben aus Ziegeln, von Gäßchen durchzogen, die von Unrat überquollen. Den ganzen Tag surrte es in diesen Gäßchen von halbbekleideten Menschenwesen; des Nachts strömten in diese Gosse die Diebe, Bettler und Dirnen zurück, die im Westend ihrem Gewerbe nachgegangen waren. Die Polizei vermochte nichts dagegen. Kein einzelner hier Umherwandernder konnte etwas andres tun als hindurchzueilen so schnell er konnte und dann vielleicht, wie

Mr. Beames es mit vielen Zitaten, in Umschreibungen und Euphemismen ausweichend tat, einen Wink zu geben, daß nicht alles so war, wie es sein sollte. Die Cholera käme, und ihr Wink wäre vielleicht nicht so ausweichend.
Im Sommer 1846 jedoch war dieser Wink noch nicht erteilt worden, und der einzig sichere Weg für Leute, die in der Wimpole Street und ihrer Nachbarschaft wohnten, war der, sich streng innerhalb des ehrbarlichen Gebiets zu halten und ihre Hunde an der Kette zu führen. Wenn man das zu tun vergaß, wie Miss Barrett es vergaß, zahlte man die Buße dafür, wie Miss Barrett sie nun zahlen sollte. Die Bedingungen, unter welchen die Wimpole Street in trauter Nähe von St. Giles lebte, waren genau bekannt. St. Giles stahl, was es konnte; die Wimpole Street zahlte, was sie mußte. Also begann Arabel »mich sogleich zu trösten, indem sie mir darlegte, wie gewiß es sei, daß ich ihn für höchstens zehn Pfund wiederbekommen werde«. Zehn Pfund, so rechnete man, war ungefähr der Preis, den Mr. Taylor für einen Cockerspaniel verlangen würde. Mr. Taylor war das Haupt der Bande. Sobald einer Dame der Wimpole Street ihr Hund verloren ging, wandte sie sich an Mr. Taylor. Er nannte seinen Preis, und der wurde bezahlt, andernfalls wurde ein paar Tage später ein Paket in braunem Packpapier in der Wimpole Street abgeliefert,

das Kopf und Pfoten des Hundes enthielt. Dies war wenigstens die Erfahrung, die eine Dame in der Nachbarschaft machte, nachdem sie versucht hatte, mit Mr. Taylor zu feilschen. Miss Barrett jedoch beabsichtigte zu zahlen. Darum sprach sie, als sie nach Hause kam, mit ihrem Bruder Henry, und dieser ging noch selbigen Nachmittags zu Mr. Taylor. Er traf ihn an, »wie er in einem Zimmer mit Gemälden eine Zigarre rauchte«, – es hieß, daß Mr. Taylor sich aus den Hunden der Wimpole Street ein jährliches Einkommen von zwei- oder dreitausend Pfund verschaffe, – und Mr. Taylor versprach, er werde sich mit seiner »Sozietät« ins Einvernehmen setzen und den Hund am nächsten Tag zurückbringen. So ärgerlich die Sache auch war, und besonders unangenehm in einem Augenblick, wo Miss Barrett all ihr Geld benötigte, waren das nun einmal die unvermeidlichen Folgen, wenn man im Jahre 1846 vergaß, seinen Hund an der Kette zu führen.

Für Flush aber hatte die Sache ein andres Gesicht. »Flush«, so überlegte Miss Barrett, »weiß nicht, daß wir ihn wiederbekommen können.« Flush hatte nie die Grundregeln der menschlichen Gesellschaft erlernt. »Diese ganze Nacht wird er heulen und jammern, das weiß ich genau«, schrieb Miss Barrett an Mr. Browning Dienstag nachmittag, den 1. September. Aber während Miss Barrett an Mr. Browning schrieb, machte Flush die schrecklichste Erfahrung seines Lebens. Er war aufs äußerste verwirrt. Den einen Augenblick war er noch in der Vere Street gewesen, zwischen Bändern und Spitzen; den nächsten wurde er kopfüber in einen Sack gestürzt, eilends und rüttelnd durch Straßen getragen und endlich hinausgeschüttelt – hierher, in völlige Finsternis, in frostige Feuchtigkeit. Als das Schwindelgefühl ihn verließ, vermochte er in einem niedrigen dunkeln Raum ein paar Umrisse zu erkennen – gebrochene Stühle, eine zerwühlte Matratze. Dann wurde er gepackt und sein Fuß fest an irgendein Hindernis gebunden. Etwas lag da hingerekelt auf dem Boden – ob Tier oder Mensch, hätte er nicht sagen können. Schwere Stiefel und verschmuddelte Frauenröcke torkelten und stolperten unaufhörlich ein und aus. Fliegen summten um alte Fleischbrokken, die auf dem Boden faulten. Kinder krochen aus dunkeln Winkeln hervor und kniffen ihn in den Ohren. Er winselte, und eine schwere Hand schlug ihm auf den Kopf. Er kauerte sich an der Wand auf die paar Zollbreit feuchter Ziegel. Nun konnte er gewahren, daß auf dem Boden Hunde verschiedenster Rasse zusammengedrängt waren. Einige zerrten an einem fauligen Knochen, balgte sich darum; die Rippen standen ihnen unterm Fell hervor – sie waren halb verhungert, schmutzig, verseucht, ungekämmt, ungebürstet; doch alle, das konnte Flush

sehen, Hunde von höchster Zucht, Hunde, die gewohnt waren, an der Kette geführt und von Dienerschaft betreut zu werden wie er selbst.
Viele Stunden lag er so und wagte nicht einmal zu winseln. Durst war sein schlimmstes Leiden, aber schon ein einziger Schluck von dem grünlich trüben Wasser aus einem Eimer in der Nähe verursachte ihm Ekel; er wollte lieber sterben, als noch einen tun. Ein majestätischer Windhund jedoch trank gierig. So oft die Tür aufgestoßen wurde, hob Flush den Kopf. Miss Barrett – war es Miss Barrett? War sie endlich gekommen? Aber es war nur ein zottiger Strolch, der sie alle mit dem Fuß beiseite stieß und zu einem wackeligen Stuhl taumelte, auf den er sich warf. Dann wurde die Dunkelheit allmählich dichter, er konnte kaum noch erkennen, was für Gestalten diese da auf dem Boden, auf der Matratze, auf den wackeligen Stühlen waren. Ein Kerzenstumpf wurde auf den Sims über dem Kamin geklebt. Eine Fackel brannte draußen am Rinnstein; in ihrem flackernden groben Schein konnte Flush schreckliche Gesichter wahrnehmen, die vorbeikamen und durchs Fenster stierten. Dann kamen sie herein, bis der kleine Raum so gedrängt voll wurde, daß Flush zurückweichen und noch dichter an der Wand liegen mußte. Diese schauerlichen Ungeheuer – einige in Lumpen, andre schreiend geschminkt und aufgeputzt – hockten auf dem Boden, lümmelten an dem

Tisch. Sie begannen zu trinken; sie beschimpften und schlugen einander. Aus den Säcken, die auf den Boden geworfen wurden, purzelten immer mehr Hunde – Schoßhunde, Setter, Pointer, noch mit ihren Halsbändern – und ein riesiger Kakadu, der von einem Winkel in den andern flatterte und »Kecker Koko! Kecker Koko!« schrie, mit einem Akzent, der seine Herrin, eine Witwe in der vornehmen Maida Vale Avenue, entsetzt hätte. Dann wurden die Handtaschen der Weiber geöffnet, und auf den Tisch ergossen sich Armbänder und Ringe und Broschen, wie Flush Miss Barrett und Miss Henrietta sie tragen gesehen hatte. Die Teufelsgestalten betasteten und betapsten sie, fluchten und stritten um sie, die Hunde bellten, die Kinder quiekten, und der prächtige Kakadu – solch ein Vogel, wie Flush ihn oft in einem Fenster der Wimpole Street sich schaukeln gesehen hatte, – kreischte »Kecker Koko! Kecker Koko!«, schneller und schneller, bis ein Pantoffel nach ihm geschleudert wurde und er wie rasend mit den gelbgefleckten, taubengrauen Flügeln schlug. Dann fiel die Kerze um und stürzte herab; das Zimmer lag im Finstern. Es wurde immer heißer, der Gestank, die Hitze waren unerträglich. Dem armen Flush brannte die Nase, sein Fell zuckte. Und noch immer kam Miss Barrett nicht.

Miss Barrett lag auf ihrem Sofa in der Wimpole

Street. Sie war verdrossen, sie war verärgert, aber sie war nicht ernstlich beunruhigt. Selbstverständlich litt Flush und winselte; er würde wohl die ganze Nacht winseln und bellen, aber es war nur eine Sache von ein paar Stunden. Mr. Taylor würde eine Summe nennen, sie würde sie zahlen und Flush zurückbekommen.

Der Morgen des Mittwoch, des 2. September, zog über den Krähengenisten von Whitechapel herauf. Die gesprungenen Fensterscheiben füllten sich allmählich mit schmutzigem Grau. Licht fiel auf die stoppeligen Gesichter von Strolchen, die hingerekelt auf dem Boden lagen. Flush erwachte aus dem Dämmerschlaf, der seine Augen verschleiert hatte, und erkannte abermals die Wirklichkeit. Dies war sie – dieser Raum, diese Strolche, diese winselnden, kläffenden, eng angebundenen Hunde, dieser Brodem, diese Feuchtigkeit. Konnte es wahr sein, daß er in einem feinen Laden gewesen war, mit Damen, zwischen Bändern und Spitzen, erst gestern? Gab es etwas wie die Wimpole Street? Gab es ein Zimmer, wo frisches Wasser in einem purpurnen Napf glitzerte? Hatte er auf Kissen gelegen? War ihm ein knusprig gebratener Hühnerflügel gereicht worden? Und hatte er, toll vor qualvoller Eifersucht, einen Mann mit gelben Handschuhen gebissen? Jenes ganze Leben mit allen seinen Gemütsbewegungen entschwebte, löste sich auf, wurde unwirklich.

Hier taumelte, als das Tageslicht trüb hereinsickerte, ein Weib von einem Sack auf und wankte hinaus, um Bier zu holen. Das Trinken und Fluchen begann von neuem. Eine dicke Schlumpe hielt ihn an den Ohren hoch und kniff ihn in die Rippen, und irgendein widerlicher Witz wurde über ihn gemacht – es folgte brüllendes Gelächter, und sie warf ihn auf den Boden zurück. Die Tür wurde aufgestoßen und schlug zu. So oft das geschah, sah er auf. War es Wilson? Konnte es am Ende Mr. Browning sein? Oder Miss Barrett? Aber nein – es war nur wieder ein Dieb, wieder ein Mörder. Er duckte sich schon beim Anblick dieser beschmutzten Kleider, dieser harten, groben Stiefel. Einmal versuchte er an einem Knochen zu nagen, der in die Nähe geschleudert worden war. Doch seine Zähne konnten das steinharte Fleisch nicht durchbeißen, und der ranzige Geruch ekelte ihn. Sein Durst wurde stärker, und er war gezwungen, ein wenig von dem grünlichen Wasser aufzulecken, das aus dem Eimer verschüttet worden war. Aber als der Mittwoch verging und ihm immer heißer wurde und sein Schlund immer ausgetrockneter und er sich schon ganz wund fühlte, wie er da auf den rissigen Dielen lag, verschwamm ihm alles. Er merkte kaum, was vorging. Nur wenn sich die Tür öffnete, hob er den Kopf und sah hin. Nein, es war nicht Miss Barrett.

Miss Barrett, auf ihrem Sofa in der Wimpole Street,

begann sich zu sorgen. Die Sache mußte einen Haken haben. Taylor hatte versprochen, Mittwoch nachmittag nach Whitechapel zu gehn und mit der »Sozietät« zu verhandeln. Jedoch der Mittwochabend verging, und noch immer kam Taylor nicht. Das konnte, so vermutete sie, nur bedeuten, daß sich das Lösegeld erhöhen werde – und das war im Augenblick unangenehm genug. Immerhin, sie müßte es selbstverständlich zahlen. »Ich muß meinen Flush wiederhaben, weißt Du«, schrieb sie Mr. Browning. »Ich darf nichts riskieren, nicht handeln und feilschen.« So lag sie auf dem Sofa, schrieb an Mr. Browning und lauschte auf ein Pochen an der Haustür. Aber Wilson brachte die Post herauf, Wilson brachte das heiße Wasser herauf, es wurde Schlafenszeit, und Flush war nicht gebracht worden.

Donnerstag, der 3. September, dämmerte in Whitechapel. Die Tür öffnete und schloß sich. Der rotbraune Setter, der die ganze Nacht neben Flush auf dem Boden gewinselt hatte, wurde von einem Kerl in einer Moleskinweste gepackt und weggeschleppt – welchem Schicksal entgegen? War es besser, getötet zu werden oder hierzubleiben? Was war schlimmer, dieses Leben oder ein solcher Tod? Der Lärm, der Hunger und der Durst, die beißenden Gerüche an diesem Ort – Flush erinnerte sich, daß er einst den Duft von Kölnischwasser verabscheut hatte,

– übertäubten schnell jedes klare Bild, jedes bestimmte Verlangen. Bruchstücke alter Erinnerungen begannen ihm durch den Kopf zu gehn. War das die Stimme Dr. Mitfords, der ihn über die Wiese hereinreif? War das Kerenhappock, die an der Tür mit dem Bäcker schwatzte? Es war ein Geraschel in dem Raum, und er meinte, er höre Miss Mitford einen Stock Geranien verpacken. Aber es war nur der Wind – denn es war heute stürmisch – der an dem Packpapier in der gebrochenen Fensterscheibe zerrte; es war nur eine trunkene Stimme, die in der Gosse ein irres Geplärr ausstieß; es war nur die alte Hexe im Winkel, die immerzu vor sich hinbrummelte, während sie einen Hering in einer Pfanne über dem Feuer briet. Er selbst war vergessen und verlassen. Es kam keine Hilfe, keine Stimme sprach zu ihm. Die Papageien stießen ihr Gekreisch aus, und die Kanarienvögel unterhielten ihr sinnloses Gezwitscher und Getriller.
Dann verdunkelte wieder der Abend den Raum, die Kerze wurde auf die Untertasse geklebt, das grobe Licht flackerte draußen auf. Horden von unheimlich aussehenden Männern mit Säcken auf dem Rücken, von grell aufgeputzten Weibern mit geschminkten Gesichtern begannen zur Tür hereinzuschlurren und ließen sich auf die wackeligen Betten und Stühle fallen. Eine zweite Nacht hatte ihre Finsternis über Whitechapel gebreitet. Und der Re-

geln tropfte beständig durch ein Loch im Dach und trommelte in einen Eimer, der hingestellt worden war, um ihn aufzufangen. Miss Barrett war nicht gekommen.

Der Donnerstag dämmerte in der Wimpole Street. Keine Spur von Flush, keine Nachricht von Taylor. Miss Barrett, aufs höchste beunruhigt, zog Erkundigungen ein. Sie ließ ihren Bruder Henry rufen und fragte ihn aus. Sie entdeckte, daß er sie hintergangen hatte. Der »Erzfeind« Taylor war, seinem Versprechen gemäß, gestern abend dagewesen. Er hatte seine Bedingungen genannt – sechs Guineen für die »Sozietät«, eine halbe Guniee für ihn selbst – aber Henry hatte das, statt es ihr zu sagen, Mr. Barrett erzählt, mit dem Ergebnis selbstverständlich, daß Mr. Barrett ihm befohlen hatte, nicht zu zahlen und seiner Schwester den Besuch zu verheimlichen. Miss Barrett war »sehr verärgert und zornig«. Sie hieß ihren Bruder sogleich zu Mr. Taylor gehn und das Geld zahlen. Henry weigerte sich, »redete von Papa«. Aber es habe keinen Sinn, von Papa zu reden, widersprach sie. Während sie von Papa redeten, würde Flush umgebracht. Und sie faßte einen Entschluß. Wenn Henry nicht hinginge, wollte sie selbst gehn. ». . . falls man nicht tun will, wofür ich mich entschieden habe, dann werde ich morgen selber hinfahren und Flush heimbringen«, schrieb sie Mr. Browning.

Aber Miss Barrett entdeckte nun, daß es leichter war, das zu sagen, als es zu tun. Es war fast so schwer für sie, zu Flush zu gehn, wie für Flush, zu ihr zu kommen. Die ganze Wimpole Street war gegen sie. Die Neuigkeit, daß Flush gestohlen worden war und Taylor Lösegeld verlangte, war nun Gemeingut der Öffentlichkeit. Die Wimpole Street war entschlossen, sich gegen Whitechapel zu behaupten. Der blinde Mr. Boyd ließ sagen, daß es seiner Meinung nach »eine entsetzliche Sünde« wäre, das Lösegeld zu zahlen. Ihr Vater und ihr Bruder hatten sich gegen sie verbündet und waren im Interesse ihrer Klasse jeder Hinterlist fähig. Aber weit schlimmer noch, das Schlimmste von allem, war, daß sogar Mr. Browning sein ganzes Gewicht, seine Beredsamkeit, seine Bildung, seine Logik, für die Wimpole Street und gegen Flush in die Waagschale warf. Wenn Miss Barrett sich gegen Taylor nachgiebig zeige, schrieb er, weiche sie Tyrannei, weiche sie Erpressern, vergrößere sie die Macht des Bösen über das Rechte, der Verderbtheit über die Unschuld. Wenn sie Taylor gebe, was er fordere, ». . . wie wird es da den armen Eigentümern ergehn, die nicht genug Geld haben, um ihre Hunde auszulösen?« Seine Phantasie entzündete sich. Er stellte sich vor, was er sagen würde, wenn Taylor auch nur fünf Schilling von ihm verlangte. Er würde sagen: »*Sie* sind verantwortlich für das Vorgehn Ihrer

Bande, und *Sie* nehme ich mir aufs Korn. Reden Sie mir keinen Unsinn von Kopf- oder Pfotenabschneiden. Seien Sie überzeugt, so wahr ich hier stehe und es Ihnen sage, werde ich mein ganzes Leben darauf verwenden, ihn unschädlich zu machen, diesen Krebsschaden, als der Sie sich erweisen, – durch jedes erdenkliche Mittel werde ich Ihr Tod sein und der Tod so vieler Ihrer Komplizen, wie ich nur entdecken kann, – aber *Sie* habe ich schon entdeckt und werde Sie nicht mehr aus den Augen lassen ...« So hätte Mr. Browning diesem Taylor geantwortet, wenn er das Glück gehabt hätte, dem Herrn zu begegnen. »Denn wahrhaftig«, so setzte er fort und erreichte eine spätere Post mit einem zweiten Brief am Nachmittag jenes Donnerstags, »... es ist entsetzlich, sich vorzustellen, wie alle diese Bedrücker, so verschieden ihr Rang und ihre Stellung auch sei, wenn es ihnen beliebt, die Schwachen und Schweigenden, deren Geheimnis sie erschnüffelt haben, immer wieder, auf die verschiedenste Weise, an den Herzfasern an sich zurückreißen können.« Er tadele Miss Barrett nicht – nichts was sie tue, könne anders als vollkommen recht sein, für ihn völlig annehmbar. »Immerhin«, so setzte er am Vormittag des Freitags fort, »halte ich es für eine bedauerliche Schwäche ...« Wenn sie Taylor ermutige, der Hunde stehle, ermutige sie auch Mr. Barnard Gregory, der Leumunde stehle.

Mittelbar wäre sie verantwortlich für alle die Erbarmenswerten, die sich den Hals abschneiden oder außer Landes flüchten, weil ein Erpresser wie Barnard Gregory ein Adreßbuch aus dem Regal nehme und ihren guten Ruf unterminiere. »Aber warum diese ganze Auffädelung von Alltagsweisheiten über die klarste Sache von der Welt niederschreiben?« So tobte und ereiferte sich Mr. Browning zweimal täglich von New Cross aus.

Auf ihrem Sofa liegend las Miss Barrett diese Briefe. Wie leicht wäre es, nachzugeben, wie leicht, zu sagen: »Deine gute Meinung ist mir mehr wert als hundert Cockerspaniels.« Wie leicht wäre es, in die Kissen zurückzusinken und zu seufzen: »Ich bin ein schwaches Weib, ich weiß nichts von Gesetz und Recht. Entscheide Du für mich!« Sie brauchte sich nur zu weigern, das Lösegeld zu zahlen; sie brauchte nur Taylor und seiner Bande Trotz zu bieten; und wenn Flush getötet würde, wenn das gräßliche Paket käme und sie es öffnete und sein Kopf und seine Pfoten herausfielen, dann wäre Robert Browning an ihrer Seite, um sie zu beruhigen, daß sie recht getan und sich seine Achtung erworben habe. Aber Miss Barrett war nicht einzuschüchtern. Miss Barrett griff zur Feder und widerlegte Robert Browning. Es sei ganz schön, so schrieb sie, die Dichter zu zitieren, den Fall Gregory anzuführen, mutige Antworten an Mr. Taylor zu erfinden; sie täte dasselbe, wenn Taylor sie selbst mißhandelt, wenn Gregory sie selbst verleumdet hätte, – hätten sie das doch! Aber was täte Mr. Browning, wenn die Banditen sie selbst gestohlen hätten, sie in ihrer Gewalt hätten, drohten, ihr die Ohren abzuschneiden und die mit der Post nach New Cross zu senden? Was immer er täte, ihr Entschluß sei gefaßt. Flush sei hilflos. Ihm gegenüber habe sie Pflichten. »Aber Flush, der arme Flush, der mich so treu liebte! Habe ich ein Recht, ihn in seiner Unschuld zu opfern? Um der Schuld irgendeines Mr. Taylors auf der Welt willen?« Was immer Mr. Browning sagen mochte, sie wollte Flush retten, auch wenn sie sich in den Rachen Whitechapels hinabwagen müßte, um ihn zu holen, ja sogar wenn Robert Browning sie dafür verachten würde.

Am Samstag also, Mr. Brownings Brief geöffnet vor sich auf dem Tisch, begann sie sich zum Ausgehn anzukleiden. Sie las sein: »Noch etwas – bei alledem stemme ich mich gegen die abscheuliche Handlungsweise aller Ehemänner, Väter, Brüder und Dominierer der Welt im allgemeinen.« Also nähme sie, wenn sie nach Whitechapel ginge, Partei gegen Mr. Browning und für Väter und Dominierer im allgemeinen! Dennoch kleidete sie sich weiter an. In dem Hintergäßchen heulte ein Hund. Er war angekettet, hilflos in der Gewalt grausamer Menschen.

»Denk an Flush!« schien er ihr mit seinem Heulen zuzurufen. Sie zog ihre Schuhe an, ihren Mantel, setzte ihren Hut auf. Sie blickte nochmals auf Mr. Brownings Brief. »Ich stehe vor der Heirat mit Dir«, las sie. Der Hund heulte noch immer. Sie ging aus dem Zimmer und hinunter.

Henry Barrett trat ihr entgegen und sagte ihr, seiner Meinung nach sei es ganz gut möglich, daß sie beraubt und ermordet würde, wenn sie ihre Absicht ausführe. Sie befahl Wilson, einen Einspänner zu holen. Am ganzen Leibe zitternd, aber ergeben, gehorchte Wilson. Der Einspänner kam. Miss Barrett befahl Wilson, einzusteigen. Wilson, obwohl überzeugt, daß der Tod sie erwarte, stieg ein. Miss Barrett sagte dem Kutscher, er solle nach Shoreditch in die Manning Street fahren. Sie stieg ein, und der Wagen fuhr los. Bald waren sie über den Bereich der Spiegelscheiben und Mahagonitüren, der Lichtschachttreppen und Lieferanteneingänge hinaus. Sie waren in einer Welt, die Miss Barrett nie gesehen, nie geahnt hatte. Sie waren in einer Welt, wo Kühe unter Schlafraumböden gehalten wurden, wo ganze Familien in einem Zimmer mit gebrochenen Fensterscheiben schliefen, einer Welt, wo der Wasserhahn nur zweimal die Woche geöffnet wurde, einer Welt, wo Armut und Laster Armut und Laster hervorbrachten. Sie waren in ein achtbaren Mietwagenkutschern unbekanntes Gebiet gekommen. Der Wagen hielt, der Kutscher fragte in einer Kneipe nach dem Weg. »Es kamen zwei oder drei Männer heraus. ›Aha, Sie suchen wohl Mr. Taylor?‹« In diese geheimnisvolle Welt konnte ein Mietwagen mit zwei Damen nur in einer einzigen Absicht gekommen sein, und diese Absicht war bereits bekannt. Das war äußerst unheimlich. Einer der Männer ging in ein Haus und kam wieder und sagte, »Mr. Taylor sei nicht zu Hause, aber ob ich nicht aussteigen wolle? Wilson beschwor mich in schreckhaftem Flüsterton, an so etwas nicht einmal zu denken.« Eine Horde von Männern und Burschen umdrängte den Wagen. »Ob ich nicht mit Mrs. Taylor sprechen wolle, fragte der Mann.« Miss Barrett hatte nicht den geringsten Wunsch, mit Mrs. Taylor zu sprechen. Nun aber kam ein ungeheuer dickes Weib aus jenem Haus, »dick genug, um ihr Leben lang ein gutes Gewissen gehabt zu haben«, und teilte Miss Barrett mit, ihr Mann sei ausgegangen; »werde vielleicht in ein paar Minuten zurück sein oder in ebensovielen Stunden. Ob ich nicht aussteigen und warten wolle«. Wilson zupfte mich am Kleid. Sich vorzustellen, im Haus dieses Weibs warten zu müssen! Es war schlimm genug, in dem Einspänner zu sitzen, umdrängt von dieser Horde von Männern und Burschen. Also verhandelte Miss Barrett mit der »unförmigen Banditin« vom Wagen aus. Mr. Taylor habe ihren Hund, erklärte sie; er habe versprochen, ihr den Hund zurückzugeben; Mr. Taylor möge ihr ihren Hund ganz gewiß noch heute in die Wimpole Street bringen. »Oh, gewiß, ganz bestimmt«, sagte das dicke Weib mit dem huldvollsten Lächeln. Sie glaubte, Taylor sei eben dieser Sache wegen weggegangen. Und sie »wandte den Kopf mit der ungezwungensten Anmut nach rechts und nach links«. Der Wagen kehrte also um und verließ die Manning Street und Shoreditch. Wilson meinte, »wir seien grade noch mit dem Leben davongekommen«.

Miss Barrett selbst war recht bestürzt gewesen. »Ganz klar, daß die Bande dort Macht besitzt. Die ›Sozietät‹ hat die Wurzeln tief im Boden«, schrieb sie. In ihrem Geist wimmelten Gedanken, ihre Augen waren voller Bilder. Das also gab es jenseits der Wimpole Street – diese Gesichter, diese Häuser! Sie hatte, während sie im Wagen vor der Kneipe saß, mehr gesehen als während der fünf Jahre, die sie in dem hintern Schlafzimmer in der Wimpole Street gelegen hatte. »Die Gesichter dieser Männer!« rief sie aus. Sie hatten sich ihren Augen eingebrannt. Sie regten ihre Phantasie an, wie »die göttlichen Marmorgeister«, die Büsten auf dem Bücherschrank, das nie getan hatten. Dort lebten also weibliche Wesen wie sie; während sie selbst auf dem Sofa lag, las, schrieb, lebten sie so! Aber der Wagen rollte nun wieder zwischen vierstöckigen Häusern dahin.

Hier waren die vertrauten Türen und Fenster, die Doppelzeile geschliffener Ziegel, messingner Türklopfer, regelrechter Vorhänge. Dies war die Wimpole Street, und hier war Nummer 50. Wilson sprang aus dem Wagen – mit welchem Gefühl der Erleichterung, sich in Sicherheit zu fühlen, kann man sich vorstellen. Miss Barrett aber zögerte vielleicht einen Augenblick. Sie sah noch immer »die Gesichter dieser Männer« vor sich. Die tauchten viele Jahre später wieder vor ihr auf, als sie in Italien auf einem sonnigen Balkon saß und schrieb. Sie gaben ihr einige der lebensvollsten Stellen in *Aurora Leigh* ein. Nun aber hatte der Bediente die Haustür geöffnet, und sie ging die Treppe hinauf zurück in ihr Zimmer.

Der Samstag war für Flush der fünfte Tag seiner Gefangenschaft. Fast völlig erschöpft, fast hoffnungslos, lag er keuchend in einem dunkeln Winkel des wimmelnden Fußbodens. Türen schlugen krachend zu. Stimmen grölten. Stimmen kreischten. Papageien plapperten, wie sie früher Witwen in Maida Vale vorgeplappert hatten; nun aber riefen ihnen widerliche alte Weiber nur Schimpfwörter zu. Ungeziefer krabbelte in seinem Fell, aber er war zu schwach, zu gleichgültig, um es abzuschütteln. Sein ganzes vergangenes Leben und dessen viele Szenen – Reading, das Gewächshaus, Miss Mitford, Mr. Kenyon, der Bücherschrank, die Büsten, die

Landleute auf der Gardine – sie waren geschwunden, wie Schneeflocken in einem Kessel zergehn. Wenn er noch Hoffnung hatte, dann auf etwas Namenloses, Gestaltloses; ein Gesicht ohne Züge, das er noch immer »Miss Barrett« nannte. Sie war noch da, obzwar solche Abgründe zwischen ihnen lagen, daß es fast unmöglich war, sie könnte noch zu ihm gelangen. Dunkelheit begann sich wieder herabzusenken, eine solche Dunkelheit, wie sie seine letzte Hoffnung – Miss Barrett – fast auszulöschen schien.

Tatsächlich lieferten die Streitkräfte der Wimpole Street sogar noch in diesem Augenblick ein Gefecht, um Flush und Miss Barrett getrennt zu halten. Am Samstag Nachmittag lag sie in ihrem Zimmer und wartete, daß Taylor komme, wie das unförmig dicke Weib es versprochen hatte. Endlich kam er, aber den Hund hatte er nicht mitgebracht. Er ließ hinauf sagen, Miss Barrett möge ihm auf der Stelle sechs Gunieen auszahlen, und er werde »auf sein Ehrenwort« schnurstracks nach Whitechapel gehn und den Hund holen. Was »des Erzfeinds« Taylor Ehrenwort wert sein mochte, hätte Miss Barrett nicht zu sagen gewußt, aber »es schien keinen andern Weg zu geben«. Das Leben ihres Flush stand auf dem Spiel. Sie zählte sechs Gunieen ab und sandte sie Mr. Taylor hinunter. Jedoch, wie das Unglück es wollte, kam, während Taylor dort auf dem dicken Wollteppich zwischen den Schirmen, den Kupferstichen und andern wertvollen Dingen wartete, Alfred Barrett nach Hause. Den Erzfeind leibhaftig hier in seinem Haus zu erblikken, ließ sein Temperament mit ihm durchgehn. Er geriet in Wut, er nannte ihn »einen Schwindler und einen Lügner und einen Dieb«. Worauf Mr. Taylor zurückschimpfte. Was schlimmer war, er schwur »so wahr er auf Erlösung hoffe, wir sollten unsern Hund nie wiedersehen«, und stürzte aus dem Haus. Am nächsten Morgen also käme das blutbefleckte Paket.

Miss Barrett kleidete sich hastig wieder an und eilte hinunter. Wo sei Wilson? Wilson solle einen Wagen holen. Sie wolle sogleich nach Shoreditch. Ihre Geschwister eilten herbei, um sie daran zu hindern. Es werde dunkel, sie sei schon erschöpft, es wäre für einen gesunden Mann ein reichlich gewagtes Abenteuer, für sie wäre es Wahnsinn, so sagten sie ihr. Brüder und Schwestern umringten sie, drohten, rieten ihr ab, »schrien mich an, ich sei ›vollkommen verrückt‹ und starrköpfig und mutwillig, – ich erhielt so viele Schimpfnamen wie Mr. Taylor«. Aber sie wich und wankte nicht. Endlich begriffen sie, wie weit Miss Barretts Tollheit ging. Wie groß auch die Gefahr, sie mußten nachgeben. Septimus versprach, wenn Miss Barrett in ihr Zimmer zurückginge »und guter Laune wäre«, selber zu Taylor zu

gehn, das Geld zu zahlen und den Hund zurückzubringen.
So wurde in Whitechapel aus der Abenddämmerung des 5. September schwarze Nacht. Die Tür wurde abermals aufgestoßen. Ein zottiger Mann zerrte Flush am Genick aus seinem Winkel. In die scheußliche Fratze seines alten Feinds aufblickend, wußte Flush nicht, ob er in die Freiheit oder in den Tod geführt werde. Bis auf eine einzige, phantomartige Erinnerung war es ihm gleichgültig. Der Mann bückte sich zu ihm. Was wollten diese klobigen Finger da an seiner Kehle? War es ein Messer oder eine Kette? Stolpernd, halb blind, auf schwankenden Beinen wurde Flush ins Freie geführt.
In der Wimpole Street war Miss Barrett nicht imstande, ihre Abendmahlzeit zu essen. War Flush tot oder noch am Leben? Sie wußte es nicht. Um acht erklang ein Klopfen an ihrer Tür; es war der gewohnte Brief von Mr. Browning. Aber als sich die Tür öffnete, um den Brief einzulassen, stürmte gleichzeitig etwas herein: Flush. Und geradewegs zu seinem purpurnen Napf. Dreimal wurde er frisch gefüllt, und noch immer trank er. Miss Barrett sah zu, wie der halb betäubte, verstörte, verwahrloste Hund trank. »Er war nicht so begeistert davon, mich wiederzusehen, wie ich erwartet hatte«, vermerkte sie. Nein, es gab nur eines auf der Welt, wonach er verlangte – reines, frisches Wasser.

Miss Barrett aber hatte die Gesichter jener Männer ja nur flüchtig erblickt, und doch erinnerte sie sich ihrer ihr ganzes Leben lang. Flush war fünf volle Tage mitten unter ihnen und ihnen ausgeliefert gewesen. Nun, als er wieder auf Kissen lag, war frisches Wasser das einzige, was ihm Gegenständlichkeit, was ihm irgendwelche Wirklichkeit zu haben schien. Er trank immer wieder. Die alten Gottheiten des Schlafzimmers – das Bücherregal, der Kleiderschrank, die Büsten – schienen ihre Gegenständlichkeit verloren zu haben. Dieses Zimmer war nicht mehr die ganze Welt, nur eine Zufluchtsstätte. Es war nur eine kleine Grube, von einem schwanken Klettenblatt überwölbt, in einem Wald, wo Raubtiere umherschlichen und Giftschlangen sich ringelten, wo hinter jedem Baum sprungbereit ein Mörder lauerte. Während er erschöpft und benommen zu Miss Barretts Füßen auf dem Sofa lag, klangen ihm noch immer das Heulen angebundener Hunde, die Schreie geängstigter Vögel in den Ohren. Wenn sich die Tür öffnete, fuhr er zusammen, erwartete einen zottigen Mann mit einem Messer – es war nur Mr. Kenyon mit einem Buch; es war nur Mr. Browning mit seinen gelben Handschuhen. Nun aber schrak er vor Mr. Kenyon und Mr. Browning zurück. Er traute ihnen nicht mehr. Hinter diesen lächelnden, freundlichen Gesichtern verbargen sich Tücke und Grausamkeit und Betrug.

Ihre Liebkosungen waren leere Gesten. Wenn jemand sagte: »Armer Flush, haben dich die bösen Männer weggeholt?« hob er den Kopf und heulte und winselte. Er fürchtete sich sogar, mit Wilson bis zum Briefkasten zu gehn. Ohne seine Kette wollte er nicht auf die Straße hinaus. Knallte da ein Kutscher mit der Peitsche, raste er die Lichtschachttreppe hinab, um sich in Sicherheit zu bringen. Im Haus schob er sich näher an Miss Barrett auf ihrem Sofa heran. Sie allein hatte ihn nicht verlassen. Zu ihr hegte er noch einiges Vertrauen. Allmählich gewann sie wieder Wirklichkeit. Erschöpft, zitternd, verschmutzt und sehr abgemagert, lag er auf dem Sofa zu ihren Füßen. Als die Tage vergingen und die Erinnerung an Whitechapel zu verblassen begann, las Flush, während er dicht bei Miss Barrett auf dem Sofa lag, ihre Gefühle noch deutlicher als zuvor. Er und sie waren getrennt worden – nun waren sie wieder beisammen. Wirklich, sie waren einander nie so nahe verbunden gewesen. Jede ihrer Bewegungen, jedes Zucken durchfuhr auch ihn. Und sie schien nun unaufhörlich zusammenzuzucken und sich zu bewegen. Sogar die Ablieferung eines Pakets ließ sie erschrocken auffahren. Sie öffnete es. Mit zitternden Fingern entnahm sie ihm ein Paar feste hohe Schnürschuhe. Sie versteckte sie sogleich in einem Winkel des Schranks. Dann legte sie sich wieder hin, als wäre nichts geschehen. Und doch war etwas geschehen. Als sie beide allein waren, stand sie auf und nahm ein Diamentenhalsband aus einer Schublade. Sie holte die Schachtel hervor, die Mr. Brownings Briefe enthielt. Sie legte die Briefe, die hohen Schuhe, das Halsband alle zusammen in eine Reisetasche aus besticktem Kanevas. Und dann – als hörte sie Schritte auf der Treppe – schob sie die Reisetasche schnell unters Bett, legte sich wieder hin und deckte sich mit ihrem Schal zu. Solche Zeichen von Heimlichkeit und Verstohlenheit mußten, so fühlte Flush, eine herannahende Krise ankündigen. Stand eine gemeinsame Flucht bevor? Würden sie miteinander aus dieser gräßlichen Welt von Hundedieben und Tyrannen entfliehen? Oh, daß das möglich wäre! Er zitterte und winselte vor Aufregung. Mit leiser Stimme hieß Miss Barrett ihn stillsein, und sogleich war er still. Auch sie war sehr still. Sie lag völlig regungslos auf dem Sofa, wenn einer ihrer Brüder, eine ihrer Schwestern hereinkam. Sie lag und sprach mit Mr. Barrett, wie sie immer lag und mit Mr. Barrett sprach.

Jedoch am Samstag, dem 12. September, tat Miss Barrett etwas, das Flush sie noch nie tun gesehen hatte. Sie kleidete sich sogleich nach dem Frühstück an, als wollte sie ausgehn. Überdies erkannte Flush, während er ihr beim Ankleiden zusah, an ihrer Miene ganz deutlich, daß er nicht mit ihr gehn dürfe. Sie hatte offenbar etwas vor, das nur sie anging, etwas Geheimes. Um zehn kam Wilson ins Zimmer. Auch sie war wie zu einem Spaziergang gekleidet. Sie gingen miteinander aus dem Zimmer, und Flush lag auf dem Sofa und wartete auf ihre Rückkehr. Ungefähr eine Stunde später kam Miss Barrett allein zurück. Sie sah ihn nicht an – sie schien gar nichts zu sehen. Sie zog die Handschuhe ab, und einen Augenblick lang gewahrte er einen goldenen Reif, der an einem Finger ihrer linken Hand glänzte. Er sah sie den Ring vom Finger streifen und in der Dunkelheit einer Schublade verbergen. Dann legte sie sich wie gewöhnlich aufs Sofa. Er lag neben ihr und wagte kaum zu atmen, denn, was immer geschehen war, es war etwas, das um jeden Preis verheimlicht werden mußte.

Um jeden Preis mußte das Leben in dem Schlafzimmer weitergehn wie gewöhnlich. Und doch war alles anders. Schon die Bewegung, mit der die Gardine aus- und einschwang, schien Flush ein Signal zu sein. Und als Licht und Schatten über die Büsten glitten, schienen auch diese zu deuten und zu winken. Alles in dem Zimmer schien von einer Veränderung zu wissen, auf ein Ereignis gefaßt zu sein. Und doch schwieg alles. Alles blieb verheimlicht. Die Brüder und Schwestern kamen und gingen wie gewöhnlich. Mr. Barrett kam wie gewöhnlich am Abend. Er blickte wie gewöhnlich hin, ob die Kotelette aufgegessen, der Wein ausgetrunken war. Miss Barrett plauderte und lachte und verriet, wenn jemand im Zimmer war, durch kein Zeichen, daß sie etwas geheimhielt; doch wenn sie mit Flush allein war, zog sie die Reisetasche unter dem Bett hervor und füllte sie hastig, verstohlen und lauschte dabei auf jedes Geräusch. Und die Anzeichen von Nervenspannung waren unverkennbar. Am Sonntag läuteten die Kirchenglocken. »Welche Glocken sind das?« fragte jemand. »Die der Marylebone-Kirche«, antwortete Miss Henrietta. Flush sah, wie Miss Barrett totenblaß wurde, aber niemand sonst schien etwas zu merken.

So vergingen der Montag und der Dienstag und der Mittwoch und der Donnerstag. Über diesen allen lag eine Decke von Schweigen, von Essen und Reden und Stilliegen auf dem Sofa wie gewöhnlich. Und Flush, der in unruhigem Schlaf auf dem Sofa zuckte, träumte, daß er und Miss Barrett unter Farnen und Blättern in die Finsternis eines riesigen Walds gebettet lagen. Dann teilten sich die Blätter, und er erwachte. Es war finster, aber er sah Wilson verstohlen ins Zimmer treten, die Reisetasche unter dem Bett hervorholen und sie leise hinaustragen. Das geschah Freitag, den 18. September, nachts. Den ganzen Samstagvormittag lag er wie einer, der weiß, daß nun jeden Augenblick vielleicht ein Taschentuch fallen, ein leiser Pfiff ertönen und das

Signal für Tod oder Leben gegeben würde. Er sah, wie Miss Barrett sich ankleidete. Um ein Viertel vor vier öffnete sich die Tür, und Wilson kam herein. Dann wurde das Signal gegeben – Miss Barrett nahm ihn auf die Arme, sie stand auf und ging zur Tür, und einen Augenblick blieben sie da und sahen sich in dem Zimmer um. Dort war das Sofa und daneben Mr. Brownings Lehnstuhl. Dort waren die Büsten und die Tische. Der Sonnenschein sickerte durch die Efeublätter, und die Gardine mit den schreitenden Landleuten blähte sich ein wenig. Alles war wie sonst. Alles schien zu erwarten, noch eine Million solcher Augenblicke zu erleben; aber für Miss Barrett und Flush war es der letzte. Sehr leise schloß Miss Barrett die Tür hinter sich.

Sehr leise schlichen sie die Treppe hinab, vorbei an der Tür des Salons, des Rauchzimmers, des Eßzimmers. Alles sah aus, wie es gewöhnlich aussah, roch, wie es gewöhnlich roch. Alles war still, als schliefe es an diesem sehr warmen Septembernachmittag. Auf der Matte in der Halle lag Catilina und schlief auch. Sie erreichten die Haustür und öffneten sie sehr leise. Draußen wartete ein Mietwagen.

»Zuerst zu Hodgsons Buchhandlung«, sagte Miss Barrett. Sie sagte es fast im Flüsterton. Flush saß sehr still auf ihrem Schoß. Um nichts auf der Welt hätte er dieses gewaltige Schweigen gebrochen.

Fünftes Kapitel

ITALIEN

Stunden, Tage, Wochen – so schien es ihm – von Finsternis und Geratter und jähen Lichtern und langen Strecken eines Halbdunkels fühlte er sich hin und her geworfen; mitunter hastig in Helligkeit gehoben, sah er Miss Barretts Gesicht ganz nah und schlanke Bäume und Drähte und Schienen und hohe, von Lichtern getüpfelte Häuser – denn damals mußten gemäß der barbarischen Vorschrift der Eisenbahnen Hunde in Koffern reisen. Flush fürchtete sich jedoch nicht; sie entflohen ja; sie ließen Tyrannen und Hundediebe hinter sich. Rattere und kreische, kreische und rattere nur, soviel du willst, murmelte er, wenn der Zug ihn hin und her schleuderte; hilf uns bloß, von der Wimpole Street und Whitechapel wegzukommen! Endlich wurde es heller; das Rattern verstummte. Er hörte Vögel singen und das Säuseln von Bäumen im Wind. Oder war es das Rauschen von Wasser? Endlich die Augen öffnend, endlich sein Fell schüttelnd, gewahrte er – den denkbar erstaunlichsten Anblick: Miss Barrett auf einem Felsen inmitten dahineilenden Wassers. Bäume neigten sich über sie; das Gewässer umströmte sie. Sie mußte in Gefahr sein. Mit zwei Sätzen platschte Flush durch den Bach und gelangte zu ihr. »... er ist getauft im Namen Petrarcas«, sagte Miss Barrett, als er neben sie auf den Felsen hinaufkletterte. Denn sie waren in Vaucluse. Sie hatte sich einen Felsblock in der Mitte der Quelle Petrarcas zum Sitz erwählt.

Dann folgte noch mehr Rattern und Kreischen, und dann wurde er abermals auf festen Boden gestellt. Die Finsternis öffnete sich. Licht überströmte ihn. Und er war noch am Leben, stand wach, verwirrt auf rötlichen Fliesen in einem von Sonnenschein durchfluteten riesigen, kahlen Raum. Schnuppernd und tastend lief er hin und her. Es war kein Teppich da, es war kein Kamin da. Hier gab es keine Sofas, keine Lehnstühle, keine Bücherregale, keine Büsten. Beißende und ungewohnte Gerüche kitzelten ihn in der Nase und machten ihn niesen. Das Licht, ungewohnt scharf und klar, blendete seine Augen. Er war noch nie in einem so harten, so hellen, so großen, so leeren Zimmer gewesen – wenn dies wirklich ein Zimmer war. Miss Barrett sah schmächtiger aus denn je, wie sie hier in der Mitte auf einem Sessel saß.

Dann führte Wilson ihn ins Freie. Er fühlte sich fast blind, erst von der Sonne, dann vom Schatten. Die eine Hälfte der Straße war glühend heiß, die andre bitter kalt. Frauen gingen vorbei, in Pelze gehüllt, aber mit Sonnenschirmen, um den Kopf zu beschatten. Und die Straße war beintrocken. Obgleich es nun Mitte November war, gab es hier weder Schlamm noch Pfützen, die ihm die Pfoten durchnäßt und die Fransen an ihnen verklebt hätten. Hier gab es keine Lichtschächte vor den Häusern und keine Gitterstäbe. Hier stieg einem kein solches Durcheinander von Gerüchen zu Kopf, wie es einen Spaziergang durch die Wimpole Street oder Oxford Street so verwirrend machte. Andrerseits waren die fremdartigen neuen Gerüche, die von scharfen steinernen Ecken und trockenen gelben Mauern ausströmten, außerordentlich beizend und seltsam. Dann kam hinter einem schwarzen, hin- und herschwingenden Vorhang ein erstaunlicher süßlicher Geruch in Wölkchen hervorgeweht. Flush blieb mit erhobener Pfote stehn, um ihn zu verkosten. Schon wollte er ihm dort hinein nachgehn, schob sich unter dem Vorhang durch. Er konnte nur einen flüchtigen Blick in eine dröhnende, von Licht gesprenkelte, sehr hohe und gewölbte Halle werfen, dann riß Wilson ihn mit einem Ausruf des Entsetzens heftig zurück. Sie gingen weiter die Straße entlang. Der Lärm war ohrenbetäubend. Die Leute schrien alle zugleich mit schrillen Stimmen. Statt des gleichmäßigen, einschläfernden Gesumms von London gab es hier Gerassel und Geschrei, Klirren und Brüllen, Peitschenknallen und Glockengebimmel.

Flush hüpfte und sprang bald hierhin, bald dahin, und das tat auch Wilson. Sie mußten zwanzigmal vom Gehsteig hinunter und wieder hinauf, um einem Karren, einem Ochsen, einem Trupp Soldaten, einer Herde Ziegen auszuweichen. Er fühlte sich jünger und munterer als seit Jahren. Benommen und doch wie neubelebt sank er auf die rötlichen Fliesen und schlief fester als jemals in der Wimpole Street auf den Kissen des hintern Schlafzimmers.

Bald aber wurde Flush der tiefern Unterschiede zwischen Pisa – denn es war Pisa, wo sie sich nun niedergelassen hatten, – und London gewahr. Die Hunde hier waren anders. In London konnte er kaum bis zu der Briefkastensäule trotten, ohne einem Mops, einem Hühnerhund, einer Bulldogge, einem schottischen Schäferhund, Neufundländer, Bernhardiner, Foxterrier oder einem Angehörigen der sieben berühmten Familien der Spanielsippe zu begegnen. Für jeden wußte er einen andern Namen und den entsprechenden Rang. Hier in Pisa aber, wo es zwar von Hunden wimmelte, gab es keine Rangunterschiede, sondern nur – war es möglich? – lauter Mischlinge. Soviel er sehen konnte, waren sie nichts als Hunde – graue, gelbe, geströmte, gefleckte Hunde, aber es war unmöglich, einen einzigen Spaniel, Schäferhund, Hühnerhund oder Foxterrier unter ihnen zu entdecken. Erstreckte sich also die Gerichtsbarkeit des Hundezüchtervereins nicht auf Italien? War der Spanielklub hier unbekannt? Gab es hier kein Gesetz, das den Haarschopf zum Aussterben bestimmte, lockige Ohren förderte, den befransten Fuß schützte und unbedingt darauf bestand, daß die Stirne gewölbt, aber nicht spitz zulaufend sein solle? Offenbar nicht. Flush kam sich wie ein Prinz in der Verbannung vor. Er war der einzige Aristokrat unter einem Gewimmel von *canaille*. Er war der einzige reinrassige Cockerspaniel in ganz Pisa.

Seit vielen Jahren war Flush gelehrt worden, sich als Aristokraten zu betrachten. Das Gesetz des purpurnen Napfs und der Kette hatte sich tief in seine Seele gesenkt. Es ist kaum überraschend, daß er nun aus dem Gleichgewicht geriet. Einen Howard oder Cavendish, der unter einen Schwarm von in Lehmhütten hausenden Eingeborenen versetzt wurde, kann man kaum tadeln, wenn er sich bisweilen an Chatsworth erinnert und mit träumerischer Wehmut an rote Laufteppiche und Galerien zurückdenkt, wie sie mit Krönlein bemalt sind, wenn durch die Wappenscheiben der Fenster der Sonnenuntergang flammt. Es stak, das muß zugegeben werden, etwas von einem Snob in Flush. Miss Mitford hatte das schon vor Jahren entdeckt. Und dieser Hang, in London, unter Gleichen und Höhern, unterdrückt, brach nun, da er sich einzigartig vorkam, bei ihm hervor. Er wurde überheblich und unverschämt.

»Flush ist zu einem absoluten Monarchen geworden und macht einen mit seinem Bellen verrückt, wenn er will, daß man ihm eine Tür öffne«, schrieb Mrs. Browning. »Robert«, fuhr sie fort, »erklärt, daß besagter Flush ihn, meinen Gemahl, als für den besondern Zweck geschaffen betrachte, ihm zu Diensten zu sein. Und es sieht wirklich ganz danach aus.«

»Robert«, »mein Gemahl« – wenn Flush sich verändert hatte, dann gewiß auch Miss Barrett. Nicht nur, daß sie sich nun Mrs. Browning nannte, daß sie den Goldreif an ihrer Hand in der Sonne blinken ließ; sie war ebensosehr verändert wie Flush. Flush hörte sie fünfzigmal im Tag »Robert« und »mein Gemahl« sagen, und immer mit einem Klang von Stolz, der seine Nackenhaare sich sträuben ließ und ihm einen Riß gab. Aber nicht nur ihre Redeweise hatte sich verändert; sie war ganz und gar eine andre. Statt, zum Beispiel, einen Fingerhutvoll Portwein zu nippen und über Kopfschmerzen zu klagen, stürzte sie einen Becher Chianti herunter und schlief nur um so besser. Auf dem Eßtisch stand ein ganzer blühender Zweig von Orangen, nicht nur eine einzige entblätterte, säuerliche gelbe Frucht. Und dann zog sie, statt in einem Landauer zum Regent's Park zu fahren, ihre dicken Schnürstiefel an und kletterte über Felsen. Statt in einem gefederten Einspänner durch die Oxford Street zu rollen, ratterten sie nun in einem offenen Wägelchen davon, an die Ufer eines Sees, und blicken auf die Berge. Und wenn sie ermüdete, rief sie nicht etwa einen Mietwagen herbei, sondern setzte sich auf einen Stein und sah den Eidechsen zu. Sie erfreute sich an Sonnenschein und auch an Kälte. Wenn es fror, warf sie Pinienscheite aus dem großherzoglichen Forst auf das Feuer. Dann saßen sie miteinander vor der prasselnden Lohe und zogen den scharfen, würzigen Duft ein. Sie wurde es nie satt, Italien auf Kosten Englands zu loben. ». . . unsre armen Engländer«, rief sie aus, »haben eine Erziehung zur Freude nötig. Sie bedürfen der Läuterung, nicht im Feuer, sondern im Sonnenschein.« Hier in Italien gab es Freiheit und Leben und Freude, wie die Sonne sie hervorbringt. Nie sah man Männer raufen oder hörte sie fluchen, man sah die Italiener nie betrunken. »Die Gesichter dieser Männer« in Shoreditch tauchten wieder vor ihr auf. Sie verglich beständig Pisa mit London und sagte, wie sehr sie Pisa vorziehe. In den Straßen von Pisa konnten hübsche Frauen unbegleitet gehn. Große Damen leerten erst eigenhändig ihre Spülichteimer und begaben sich dann »in der vollen Glorie ihrer unbestreitbaren Vornehmheit« zu Hof. Pisa mit allen seinen Glocken, seinen Kötern, seinen Kamelen, seinen Pinienwäldern war der Wimpole Street und ihren Mahagonitüren und Hammelkeulen

unendlich vorzuziehen. So pries denn Mrs. Browning tagtäglich, wenn sie in langen Zügen ihren Chianti trank und noch eine Orange von dem Zweig auf dem Tisch brach, Italien und bemitleidete das arme, langweilige, feuchte, sonnen- und freudlose, kostspielige, förmlich-steife England.
Wilson allerdings bewahrte eine Zeitlang ihren britischen Gleichmut. Die Erinnerung an schwarzberockte Butler und das Zeremoniell des Haustüröffnens, an Küchen im Tiefgeschoß und Plüschvorhänge war nicht ohne einige Anstrengung aus ihrem Bewußtsein zu tilgen. Sie empfand es noch als Gewissenspflicht, aus einer Bildergalerie hinauszumarschienen, »zurückgeschlagen von der Indezenz einer Venus«. Und als ihr später einmal die Gefälligkeit einer Freundin ermöglichte, durch einen Türspalt auf die Pracht des großherzoglichen Hofs zu gucken, pries sie noch immer loyal den überragenden Glanz von St. James. »Es ... war alles doch recht armselig«, berichtete sie, »verglichen mit unserm englischen Hof.« Aber noch während sie hinguckte, hatte die prächtige Erscheinung eines Leibgardisten ihr Auge gefesselt. Ihr Herz fing Feuer. Ihr Urteil wankte. Ihre Prinzipien purzelten. Lily Wilson verliebte sich leidenschaftlich in Signor Righi von der großherzoglichen Leibgarde.
Und ebenso wie Mrs. Browning ihre neue Freiheit erforschte und in ihren Entdeckungen schwelgte, so

machte auch Flush seine Entdeckungen und erforschte seine Freiheit. Bevor sie Pisa verließen – im Frühling des Jahres 1847 zogen sie nach Florenz – hatte sich Flush mit der seltsamen und anfänglich bestürzenden Tatsache abgefunden, daß die Gesetze des Hundezüchtervereins keine allgemeine Geltung haben; er hatte sich damit abgefunden, daß helle Augen und Haarschöpfe nicht unbedingt verhängnisvoll sind. Darum hatte er die Regeln für sein Verhalten entsprechend abgeändert. Anfangs allerdings mit einigem Zögern, benahm er sich gemäß seiner neuen Auffassung von der hündischen Gesellschaft. Er wurde täglich demokratischer. Schon in Pisa hatte Mrs. Browning bemerkt, ». . . geht er jeden Tag aus und spricht mit den kleinen Hunden italienisch«. In Florenz fielen nun die letzten seiner alten Fesseln von ihm ab. Der Augenblick der Befreiung kam eines Tags in den Cascinegärten. Als er über das »smaragdene Gras« lief, wo »die Fasane alle frei und flieglebendig waren«, fiel ihm auf einmal der Regent's Park und die Tafel dort ein: Hunde müssen an der Kette geführt werden. Wo war hier ein »Müssen«? Wo waren hier Ketten? Wo Parkwächter und Knüppel? Weg waren sie. Samt den Hundedieben und Hundezüchtervereinen und Spanielklubs einer korrupten Aristokratie, samt Landauern und Einspännern, samt Whitechapel und Shoreditch! Er rannte, er raste; sein Fell flammte, seine Augen blitzten. Er war nun der Freund aller Welt. Alle Hunde waren seine Brüder. Er bedurfte keiner Kette in dieser neuen Welt. Er bedurfte keines Schutzes. Wenn Mr. Browning sich verspätete und nicht pünktlich seinen Spaziergang antrat – er und Flush waren nunmehr die besten Freunde – mahnte Flush ihn keck. »Er stellt sich vor ihn hin und bellt auf die denkbar befehlerischeste Art«, bemerkte Mrs. Browning mit einiger Gereiztheit – denn ihr Verhältnis zu Flush war nun viel weniger gefühlvoll als in den alten Zeiten. Sie brauchte sein rot flammendes Fell, seine golden leuchtenden Augen nicht mehr, damit sie ihr gäben, was ihrem eignen Erleben fehlte. Sie hatte ihren Pan in den Weingärten und Olivenhainen gefunden; er war auch an den Abenden vor dem Feuer von Pinienscheiten da. Wenn also Mr. Browning nicht pünktlich spazierenging, stellte sich Flush auf die Hinterbeine und bellte; aber wenn Mr. Browning es vorzog, daheimzubleiben und zu schreiben, machte das nichts. Flush war nun unabhängig. Die Glyzinien und der Goldregen hingen blühend über Mauern, die Judasbäume brannten leuchtend in den Gärten, die Wildtulpen sprenkelten die Wiesen. Warum sollte er warten? Er lief einfach allein aus dem Haus. Er war nun sein eigner Herr. ». . . er geht allein aus und bleibt stundenlang weg«, schrieb Mrs. Browning, ». . . kennt jede Straße in Florenz

... will in allem seinen Willen haben. Seine Abwesenheit macht mich nie besorgt«, fügte sie hinzu, sich mit einem Lächeln jener qualvollen Stunden in der Wimpole Street erinnernd und der Bande, die nur darauf wartete, ihn förmlich unter den Hufen der Pferde wegzufangen, wenn sie die Kette vergessen hatte. Angst war etwas Unbekanntes in Florenz; es gab hier keine Hundediebe und, so seufzte sie vielleicht, auch keine Väter.

Aber, ehrlich gesagt, nicht um Gemälde zu besichtigen, in dunkle Kirchen einzudringen und zu matten Fresken emporzustarren, sprang Flush davon, wenn das Tor der Casa Guidi offen gelassen worden war. Nein, um etwas zu genießen, um etwas zu suchen, das ihm während aller dieser Jahre versagt geblieben war. Einst hatte das Jagdhorn der Venus seine ungestüme Weise über die Wiesen von Berkshire erschallen lassen; er hatte die Hündin eines Mr. Partridge geliebt; sie hatte ihm ein Kind geboren. Nun hörte er nach diesem jahrelangen Schweigen denselben Klang durch die engen Gassen von Florenz tönen, aber gebieterischer, anfeuernder. Nun lernte Flush kennen, was Menschen nie kennen können, – Liebe, reine, einfache Liebe, Liebe im vollsten Sinn; Liebe, die keine Sorgen nach sich zieht, die keine Scham kennt, keine Reue; Liebe, die heute hier ist und morgen dahin, wie die Biene auf einer Blume und schon wieder dahin ist. Heute ist die Blume eine Rose, morgen eine Lilie; bald ist sie die wilde Distel auf der Heide, bald die üppig gebauschte Orchidee im Treibhaus. So unbekümmert umarmte Flush abwechselnd die gefleckte Spanielhündin in dem Seitengäßchen und die geströmte Hündin und die gelbbraune – es kam nicht darauf an, welche. Ihm war das gleich. Er folgte dem Horn, wo immer es blies und der Wind den Klang hintrug. Die Liebe war ihm alles, Liebe genügte. Niemand tadelte ihn für seine Eskapaden. Mr. Browning lachte nur – »Gradezu schändlich für einen ehrbaren Hund wie er!« – wenn Flush erst sehr spät am Abend oder früh am nächsten Morgen zurückkam. Und auch Mrs. Browning lachte, wenn Flush sich dann auf den Schlafzimmerboden hinwarf und tief und fest auf dem Mosaikwappen der Familie Guidi schlief.

Denn in der Casa Guidi waren die Räume kahl. Alle die verkleideten Dinge seiner in klösterlicher Abgeschiedenheit verbrachten Zeiten gab es hier nicht. Das Bett war ein Bett, der Waschtisch ein Waschtisch. Alles war, was es war, und nichts andres. In dem weiträumigen Salon verloren sich ein paar alte geschnitzte Ebenholzstühle. Über dem Kamin hingen ein Spiegel und zwei Amoretten als Kerzenleuchter. Mrs. Browning selbst hatte ihre indischen Schals abgelegt. Sie trug einen Umhang aus einem dünnen hellen Seidenstoff, der ihrem Mann gefiel.

Ihr Haar war auf eine neue Art frisiert. Und wenn die Sonne untergegangen und die Fensterladen geöffnet worden waren, schritt sie, in leichten weißen Musselin gekleidet, auf dem Balkon hin und her. Sie liebte es auch, hier zu sitzen, zu schauen, zu lauschen, die Leute auf der Straße zu beobachten.
Sie waren noch nicht lange in Florenz, als eines Abends ein solches Geschrei und Getrampel auf der Straße begann, daß sie auf den Balkon liefen, um zu sehen, was los sei. Eine ungeheure Volksmenge wogte unten. Die Leute trugen Fahnen und Banner und schrien und sangen. Alle Fenster waren voll von Gesichtern, alle Balkone voll von Gestalten. Die Leute in den Fenstern warfen Blumen und Lorbeerblätter auf die Leute unten. Und die Leute unten auf der Straße – ernste Männer, fröhliche junge Frauen – küßten einander und hoben ihre Kinder den Leuten auf den Balkonen entgegen. Mr. und Mrs. Browning beugten sich über das Geländer und klatschten immerzu in die Hände. Banner nach Banner zog vorbei, vom Licht der Fackeln beleuchtet. »Freiheit« stand auf dem einen, »Die Einigung Italiens« auf einem andern; und »Dem Andenken der Märtyrer« und »Viva Pio Nono« und »Viva Leopoldo Secondo« – dreieinhalb Stunden lang kamen die Banner vorbei und die Leute jubelten, und Mr. und Mrs. Browning standen auf dem Balkon, auf dem sechs Kerzen brannten, und winkten und

winkten. Eine Zeitlang bemühte sich auch Flush sich mitzufreuen, zwischen sie gelagert, die Pfoten über den Rand vorgestreckt. Zuletzt aber – er konnte es nicht verbergen – gähnte er. »Er bekannte endlich, daß er fand, die Sache dauere recht lange«, vermerkte Mrs. Browning. Überdruß, Zweifel, Spottlust fielen ihn an. Wozu das alles? fragte er sich. Wer war dieser Großherzog, und was hatte er versprochen? Warum waren sie alle so lächerlich aufgeregt? – denn die Begeisterung Mrs. Brownings, mit der sie da winkte und immerzu winkte, während die Banner vorbeizogen, ärgerte ihn aus irgendeinem Grund. Eine solche Begeisterung für einen Großherzog war doch einigermaßen übertrieben, so fand er. Und dann, grade als der Großherzog vorbeikam, gewahrte er, daß eine kleine Hündin beim Haustor stehngeblieben war. Die Gelegenheit benützend, als Mrs. Browning ganz besonders begeistert war, schlüpfte er vom Balkon weg und entwischte. Zwischen die Banner und die Menge hindurch folgte er der Kleinen. Sie floh immer weiter ins Innere von Florenz. Sehr fern klang nun das Schreien. Die Zurufe der Menge tönten immer schwächer, bis es völlig still wurde. Die Lichter der Fackeln waren erloschen. Nur ein paar Sterne funkelten in den Wellchen des Arno, auf dessen schlammigem Ufer, in die Höhlung eines alten Korbs gebettet, Flush mit der gefleckten Spanielhündin lag. In Liebe entrückt lagen sie hier, bis die Sonne am Himmel aufstieg. Flush kam erst um neun Uhr morgens zurück, und Mrs. Browning begrüßte ihn ziemlich ironisch – er hätte, so meinte sie, sich wenigstens erinnern können, daß es der erste Jahrestag ihrer Hochzeit war. Aber sie nahm an, »er hatte sich sehr gut unterhalten«. Das war wahr. Während sie eine unerklärliche Befriedigung an dem Getrampel von vierzigtausend Menschen und den Versprechungen eines Großherzogs und den hochfliegenden Erwartungen von Bannern fand, hatte Flush die kleine Hündin am Haustor bei weitem vorgezogen.

Es läßt sich nicht bezweifeln, daß Mrs. Browning und Flush auf ihren Entdeckungsreisen an ganz verschiedenen Endpunkten landeten – sie bei einem Großherzog, er bei einer gefleckten Spanielhündin. Und doch hielt das Band zwischen ihnen sie unleugbar noch immer zusammen. Kaum hatte Flush jedes Muß für sich abgeschafft und tollte durch das smaragdgrüne Gras der Cascinegärten, wo die Fasane rot und golden flatterten, als er sich neuerlich gehemmt fühlte. Wiederum wurde er auf die Hinterschenkel zurückgerissen. Anfangs war es ein Nichts – kaum eine Andeutung – nicht mehr, als daß Mrs. Browning im Frühling 1849 geschäftig zu nähen begann. Und doch war etwas an diesem Anblick, das ihn nachdenklich stimmte. Es war nicht ihre Gewohnheit, zu nähen. Er bemerkte, daß Wilson ein Bett rückte, daß sie eine Schublade öffnete, um winzige weiße Kleidungsstücke hineinzutun. Den Kopf von den Fliesen hebend, beobachtete, lauschte er aufmerksam. Stand wiederum ein Ereignis bevor? Ängstlich hielt er nach Koffern und Anzeichen von Packen Ausschau. Käme es nochmals zu einer Abreise, einer Flucht? Aber einer Flucht wohin, wovor? Hier gebe es nichts, wovor man sich fürchten müßte, beteuerte er Mrs. Browning. Weder sie noch er brauchten sich in Florenz wegen eines Mr. Taylor und in Packpapier gewikkelter Hundeköpfe zu ängstigen. Und doch stand er vor einem Rätsel. Die Anzeichen einer Veränderung, so wie er sie las, deuteten nicht auf Flucht. Sie deuteten, viel geheimnisvoller, auf Erwartung. Irgend etwas, das fühlte er, als er Mrs. Browning beobachtete, wie sie so gelassen, doch schweigend und beharrlich in ihrem niedrigen Lehnstuhl nähte, irgend etwas Unvermeidliches, das man aber fürchten mußte, nahte heran. Als die Wochen hingingen, verließ Mrs. Browning das Haus kaum noch; sie schien, wie sie so dasaß, ein gewaltiges Ereignis vorauszusehen. Stand ihr etwa eine Begegnung mit jemand wie diesem Schurken Taylor bevor? Der auf sie losschlüge, wenn sie allein und ohne Beistand wäre? Flush zitterte vor Angst bei dem Gedanken. Gewiß hatte sie nicht die Absicht, davonzulaufen.

Es wurden keine Koffer gepackt. Nichts deutete darauf hin, daß jemand das Haus verlassen wollte, – vielmehr gab es Anzeichen, daß jemand kommen werde. Voll eifersüchtiger Besorgnis betrachtete Flush prüfend alle, die das Haus betraten. Es waren nun viele: Miss Blagden, Mr. Landor, Hattie Hosmer, Mr. Lytton – viele, viele Damen und Herren kamen nun in die Casa Guidi. Mrs. Browning aber saß Tag für Tag ruhig in ihrem Lehnstuhl und nähte.

Dann erschien einmal zu Anfang des März Mrs. Browning gar nicht im Salon. Andre Leute kamen herein und gingen wieder. Mr. Browning und Wilson kamen und gingen, und sie kamen und gingen so verstört, daß Flush sich unter das Sofa verkroch. Leute liefen die Treppe auf und ab, eilten durchs Haus, sprachen im Flüsterton, mit gedämpften, unvertrauten Stimmen, gingen oben in dem Schlafzimmer umher. Er kroch immer tiefer ins Dunkel unter dem Sofa. In jeder Faser seines Körpers spürte er, daß eine Veränderung vorging, irgend etwas Entsetzliches sich ereignete. So hatte er vor Jahren auf den Mann in der Kapuze gewartet, hatte gelauscht, ob sein Schritt schon die Treppe heraufkomme. Und endlich war die Tür aufgegangen, und Miss Barrett hatte ausgerufen: »Mr. Browning!« Wer käme nun? Was für ein Mann in einer Kapuze? Als der Tag vorrückte, wurde er ganz allein gelassen;

niemand kam in den Salon. Ohne Trank und Futter lag er hier. Tausend gefleckte Spanielhündinnen hätten an der Tür schnuppern können, er hätte sich verkrochen. Denn als die Stunden vergingen, sagte ihm ein überwältigendes Gefühl, daß etwas sich von außen mit Gewalt ins Haus dränge. Er spähte unter dem Sofavolant hervor. Die Amoretten, die die Kerzen hielten, die Ebenholztruhen, die französischen Stühle – alles sah auseinandergeschoben aus. Er selbst hatte das Gefühl, an die Wand gedrängt zu sein, um für etwas, das er nicht sehen konnte, Platz zu machen. Einmal erblickte er Mr. Browning, aber es war nicht derselbe Mr. Browning, einmal auch Wilson, aber auch sie war verändert – als sähen die beiden das Unsichtbare, dessen Gegenwart er spürte; ihre Augen waren seltsam glasig.

Endlich nahm in Wilson, die sehr erhitzt und unordentlich, aber triumphierend aussah, auf den Arm und trug ihn hinauf. Sie betraten das Schlafzimmer. Ein schwaches Blöken ertönte in dem verdunkelten Raum – etwas zappelte auf dem Kissen: ein lebendiges Tier. Unabhängig von ihnen allen, ohne daß die Haustür geöffnet wurde, ganz aus sich allein war in diesem Raum Mrs. Browning zu zwei Wesen geworden. Das abscheuliche Ding neben ihr strampelte und winselte. Von Wut und Eifersucht zerrissen und von einem tiefen Ekel, den er nicht verbergen konnte, erfaßt, entwand sich Flush gewaltsam den ihn haltenden Armen und rannte hinunter. Wilson und Mrs. Browning riefen ihn zurück. Man lockte ihn mit Liebkosungen, man bot ihm Leckerbissen. Aber es war umsonst. Er verkroch sich vor der widerlichen Gegenwart dieses Dings, wo immer er Dunkelheit unter einem Sofa oder einen finstern Winkel fand. ». . . für volle vierzehn Tage verfiel er in tiefe Schwermut und war für alle Aufmerksamkeiten, mit denen man ihn überhäufte, unempfänglich« – so war Mrs. Browning inmitten aller andern Ablenkungen zu bemerken gezwungen. Und wenn wir, wie wir es in diesem Fall tun müssen, menschliche Minuten und Stunden nehmen und sie ins Gemüt eines Hundes fallen lassen und sehen, wie hier die Minuten zu Stunden und die Stunden zu Tagen anschwellen, übertreiben wir wohl nicht, wenn wir den Schluß ziehen, daß die »tiefe Schwermut« des Hundes Flush, nach der menschlichen Uhr gemessen, volle sechs Monate währte. Viele Männer und Frauen vergessen ihren Haß und ihre Liebe in kürzerer Zeit.

Flush aber war nicht mehr der ungeschulte, unerfahrene Hund wie ehedem in der Wimpole Steet. Er hatte seine Lektion gelernt. Wilson hatte ihn gezüchtigt; er war gezwungen gewesen, kleine Kuchen altbacken herunterzuwürgen, wenn er sie doch hätte fressen können, solange sie frisch waren; er hatte geschworen, zu lieben und nicht zu beißen.

Das alles ging ihm im Kopf herum, während er unter dem Sofa lag. Und endlich kam er hervor. Wieder wurde er belohnt. Anfangs, das muß zugegeben werden, war die Belohnung unbeträchtlich, wenn nicht gradezu unerfreulich. Das Kindchen wurde ihm auf den Rücken gesetzt, und Flush mußte umhertrotten, während es ihn an den Ohren zog. Aber er fügte sich mit so guter Miene und wandte, wenn er an den Ohren gezogen wurde, den Kopf nur, »um die kleinen bloßen Füße voller Grübchen zu küssen«, daß, bevor drei Monate um waren, dieser hiflose, schwache, plärrende, zerrende Brocken ihn »im großen und ganzen« – wie Mrs. Browning sagte – andern Wesen merkwürdigerweise vorzuziehen begonnen hatte. Und dann entdeckte Flush zu seiner Verwunderung, daß er die Zuneigung des Kindchens erwiderte. Hatten sie nicht etwas gemein – ähnelte es Flush nicht in vielem? Hatten sie nicht dieselben Ansichten, denselben Geschmack? Zum Beispiel, was Landschaften betraf. Flush fand sie alle schal. Er hatte in diesen vielen Jahren nicht gelernt, seine Augen auf Berge einzustellen. Als man ihn nach Vallombrosa mitnahm, hatte ihn die ganze Pracht der Wälder dort nur gelangweilt. Und nun, als das Kind ein paar Monate alt war, begaben sie sich in einem Reisewagen wieder auf einen dieser langen Ausflüge. Das Kind lag auf dem Schoß seiner Amme; Flush saß auf

Mrs. Brownings Knien. Der Wagen fuhr immer weiter und weiter und erklomm mühsam die Höhen des Apennins. Mrs. Browning war fast außer sich vor Entzücken. Sie vermochte sich kaum vom Fenster loszureißen. Sie konnte in der ganzen englischen Sprache nicht Worte genug finden, um, was sie fühlte, auszudrücken. ». . . die köstliche, fast traumhafte Landschaft der Apenninen, die wundervolle Mannigfaltigkeit von Formen und Farben, die jähen Wandlungen und die lebensvolle Individualität dieser Berge, die Kastanienwälder, welche durch ihr eignes Gewicht in die tiefen Schluchten hinabzusinken scheinen, die von sprudelnden Wildbächen zerspaltenen und zerschründeten Felshänge und die Berge, die einer hinter dem andern ihr großartiges Sein auftürmen, als täten sie es aus eigner Kraft und wechselten bei dieser Anstrengung die Farbe«, – die Schönheit des Apennins gebar Worte in solcher Zahl, daß sie einander geradezu verdrängten und erdrückten. Das Kindchen und Flush aber fühlten nichts von diesem Anreiz, von dieser Unzulänglichkeit. Beide schwiegen. Flush »zog den Kopf aus dem Fenster zurück und fand es nicht der Mühe wert, hinauszusehen . . . Er hegt die größte Verachtung für Bäume und Berge oder irgend etwas dergleichen«, schloß Mrs. Browning. Der Wagen holperte weiter. Flush schlief, und auch das Kindchen schlief. Dann waren endlich Lichter da und Häuser und Männer und Frauen, die an den Wagenfenstern vorüberglitten. Sie waren in ein Dorf gekommen. Sogleich war Flush ganz Aufmerksamkeit. ». . . die Augen drangen ihm aus dem Kopf vor Eifer, er blickte nach Osten, er blickte nach Westen, man hätte meinen können, daß er sich Aufzeichnungen mache oder Material für welche sammle.« Einzig Szenen aus dem menschlichen Leben, nicht schöne Szenerien, konnten ihn anregen. Schönheit mußte, so scheint es wenigstens, zu einem grünen oder violetten Pulver kristallisiert und von irgendeinem himmlischen Gebläse in die befransten Gänge hinter seinen Nüstern gestäubt werden, bevor sie an seine Sinne zu rühren vermochte. Und dann brachte sie nicht Worte hervor, sondern schweigende Verzückung. Wo Mrs. Browning sah, da witterte, wo sie schrieb, da schnupperte er.

Hier nun sieht sich der Biograph gezwungen, eine Pause zu machen. Wo zwei- oder dreitausend Wörter nicht genügen für das, was wir sehen – und Mrs. Browning mußte sich vom Apennin geschlagen geben: »Von alledem kann ich Dir keinen rechten Begriff vermitteln«, bekannte sie – da stehn uns nicht mehr als zwei und ein halbes für das, was wir riechen, zu Gebot. Der menschliche Geruchssinn ist so gut wie nicht vorhanden. Die größten Dichter der Welt haben nichts als einerseits Rosen und andrerseits Dung gerochen. Die unzähligen Abstufungen, die dazwischen liegen, sind unverewigt geblieben. Und grade die Welt der Gerüche war es, in der Flush zumeist lebte. Die Liebe war vor allem Geruch; Form und Farbe waren Geruch; Musik und Architektur, Gesetzeskunde, Politik und Wissenschaft waren Geruch. Für ihn war sogar die Religion Geruch. Seine einfachsten Sinneseindrücke von dem täglichen Rippenstück oder Kuchenplätzchen zu beschreiben, übersteigt unser Vermögen. Nicht einmal Swinburne hätte ausdrücken können, was die Düfte der Wimpole Street an einem heißen Nachmittag im Juni für Flush bedeuteten. Und gar erst die Beschreibung des Geruchs einer Spanielhündin, vermischt mit dem Geruch von Fackeln, Lorbeer, Weihrauch, Bannern, Wachskerzen und Girlanden aus Rosenblättern, die der Absatz eines eingekampfert gewesenen Seidenschuhs zerdrückte, die hätte vielleicht Shakespeare, wenn er mitten in der Niederschrift von *Antonius und Kleopatra* innegehalten hätte . . . aber Shakespeare hielt nicht inne. Unsre Unzulänglichkeit eingestehend, können wir also nur vermerken, daß Italien für Flush in diesen erfülltesten, ungebundensten, glücklichsten Jahren seines Lebens vor allem eine Aufeinanderfolge von Gerüchen bedeutete. Die Liebe, so muß man annehmen, verlor allmählich ihren Reiz; Geruch nicht.

Nun, als sie sich alle wieder in der Casa Guidi

befanden, hatte jedes seine angemessene Beschäftigung. Mr. Browning schrieb regelmäßig in dem einem Zimmer; Mrs. Browning regelmäßig in einem andern; das Kleine spielte im Kinderzimmer. Flush aber schlenderte davon, durch die Straßen von Florenz, um die Wonnen des Riechens zu genießen. Er suchte sich seinen Weg durch Hauptstraßen und Nebenstraßen, über Plätze und unter Bogengängen mit der Nase. Er schnupperte sich von Geruch zu Geruch weiter, auf Rauhem und Glattem, Dunklem und Goldhellem. Er lief ein und aus, hinauf und hinab, wo Kupfer gehämmert, wo Brot gebacken wurde, wo Weiber saßen und sich kämmten, wo Vogelkäfige sich auf dem Pflaster türmten, wo Wein in dunkelroten Flecken auf Steinplatten überfloß, wo es nach Leder roch und Sattelzeug und Knoblauch, wo Tuch gewalkt wurde, wo Weinlaub schwankte, wo Männer saßen und tranken und spuckten und würfelten – da lief er ein und aus, immer, die Nase am Boden, die Essenz der Dinge einziehend oder, die Nase in der Luft, von ihrem Aroma durchschauert. Er schlief auf diesem sonnigen Plätzchen hier – wie die Sonne dem Pflaster Gerüche entlockte! – und dann suchte er jenes schattige Gewölbe dort auf – wie scharf der Schatten die Steine riechen machte! Er verschlang ganze Büschel reifer Trauben vor allem ihres purpurnen Geruchs wegen. Er kaute und spuckte wieder aus, was etwa an zähen Überresten von Ziegenfleisch oder Makkaroni die italienische Hausfrau vom Balkon hinuntergeworfen hatte, – Ziegenfleisch und Makkaroni waren beißende Gerüche, grellrote Gerüche. Er folgte der sinneumnebelnden Süße von Weihrauch in die violetten Irrgänge dunkler Kathedralen und versuchte schnuppernd, das durch die Fenster auf Gruftplatten fallende Gold aufzuschlekken. Auch sein Tastsinn war nicht weniger fein. Er kannte die Stadt Florenz in ihrer marmornen Glätte und sandigen oder kiesigen Rauheit. Haarige Falten von Draperien, glatte Finger und Füße aus Stein empfinden das Geleck seiner Zunge, das Gestups seiner zuckenden Schnauze. Auf die unendlich empfindlichen Ballen seiner Füße nahm er den klaren Abdruck stolzer lateinischer Inschriften. Kurzum, er kannte Florenz, wie kein Mensch es je kannte; wie weder Ruskin noch George Eliot es je kannten. Er kannte es, wie nur die Stummen es kennen; nicht eine einzige seiner tausendfältigen Sinnesempfindungen erlitt je die Entstellung durch Worte.

Aber wäre es für den Biographen auch erfreulich, daraus zu schließen, daß das Leben des Hundes Flush in seinem vorgerückten Alter eine alle Beschreibung übersteigende Orgie von Genüssen gewesen sei, und zu behaupten, daß es ihm (während das Kindchen Tag für Tag ein neues Wort erlernte und so Sinnesempfindungen ein wenig weiter aus seiner Reichweite bannte) von der Vorsehung bestimmt war, für immer in einem Paradies zu bleiben, wo die Essenzen der Dinge in ihrer äußersten Reinheit vorhanden sind und die nackte Seele der Dinge an den nackten Nerv rührt, – so entspräche das leider nicht der Wahrheit. Flush lebte in keinem solchen Paradies. Der von Stern zu Stern schweifende Geist, der Vogel, dessen weitester Flug über arktische Schneefelder oder tropische Urwälder ihn nie auf Sehweite zu menschlichen Behausungen und ihrem sich ringelnden Holzrauch bringt, erfreut sich vielleicht, soviel wir wissen können, solch unverletzlicher, solch ungemischter Seligkeit. Flush jedoch hatte auf Menschenknien gelegen und Menschenstimmen vernommen. Sein Fleisch war geädert von menschlichen Leidenschaften; er kannte alle Abstufungen der Eifersucht, des Zorns und der Verzweiflung. Nun, im Sommer war er von Flöhen gepeinigt. Mit grausamer Ironie brachte die Sonne, die die Trauben reifte, auch die Flöhe. ». . . Savonarolas Martyrium hier in Florenz«, schrieb Mrs. Browning, »war kaum schlimmer als das unsres Flush jetzt im Sommer.« Flöhe wurden in jedem Winkel der Florentiner Häuser lebendig. Sie hüpften und sprangen aus allen Ritzen alten Gemäuers hervor, aus jeder Falte alter Wandbehänge, aus jedem Mantel, Hut und Leintuch. Sie nisteten in

Flush' Fell. Sie bissen sich ihren Weg in seinen Pelz, wo er am dichtesten war. Er kratzte und zerrte. Seine Gesundheit litt. Er wurde mürrisch, magerte ab und fieberte. Man wandte sich an Miss Mitford. Welches Mittel, schrieb Mrs. Browning besorgt, gebe es gegen Flöhe? Miss Mitford, die noch immer in ihrem Gewächshaus in Three Mile Cross saß und historische Tragödien schrieb, legte die Feder hin und sah in ihren alten Rezepten nach – was sie bei Leda angewendet hatte und was bei Rustan. Aber die Flöhe von Reading sterben, wenn man ihnen zu Leibe geht. Die Flöhe von Florenz sind wild und wehrhaft. Für sie waren Miss Mitfords Pulver vielleicht nur Schnupftabak. Verzweifelt sanken Mr. und Mrs. Browning neben einem Eimer Wasser auf die Knie und taten ihr möglichstes, das Geziefer mit Seife und Schrubbürste auszutreiben. Es war vergeblich. Zuletzt bemerkte Mr. Browning eines Tags, als er Flush auf einen Spaziergang mitnahm, daß die Leute mit Fingern auf ihn wiesen. Er hörte einen Mann, die Hand an den Mund gelegt, flüstern: *»La rogna«*, die Räude. Da es um diese Zeit schon so weit war, daß Mrs. Browning schreiben konnte: »Robert liebt Flush ebensosehr wie ich«, war es ihm unleidlich, seinen Nachmittagsspaziergang mit einem Freund zu unternehmen und ihn so gebrandmarkt zu hören. »Robert«, schrieb seine Frau, »wollte es nicht länger ertragen.« Es blieb nur eine einzige Remedur, aber die war fast ebenso drastisch wie das Leiden selbst. Wie demokratisch Flush auch geworden war und wie gleichgültig gegen alle Rangabzeichen, blieb er doch, was Philip Sidney ihn genannt hatte, ein Edelmann von Geburt. Er trug seinen Stammbaum auf dem Rücken. Sein Fell bedeutete für ihn, was eine goldene Uhr mit eingraviertem Familienwappen für einen verarmten Landadeligen bedeutet, dessen weite Felder zu diesem einen kleinen Kreis zusammengeschrumpft sind. Dieses Fell zu opfern, schlug Mr. Browning nun vor. Er rief Flush zu sich, »ergriff eine Schere und schnippte ihn am ganzen Leib zum Ebenbild eines Löwen zurecht«.

Als Robert Browning schnippte, als die Insignien eines Cockerspaniels zu Boden fielen, als die Travestie eines ganz andern Tiers um seinen Nacken entstand, fühlte sich Flush entmannt, verkleinert, verschimpfiert. Was bin ich nun? dachte er, in den Spiegel blickend, und der Spiegel erwiderte mit der rücksichtslosen Aufrichtigkeit aller Spiegel: »Du bist nichts!« Er war niemand. Gewiß war er kein Cockerspaniel mehr. Aber als er so in den Spiegel starrte, schienen seine nun kahlen und nicht mehr lockigen Ohren zu zucken, es war, als flüsterten die mächtigen Geister der Wahrheit und des Lachens in ihnen. Nichts zu sein – ist das nicht am Ende der allerbefriedigendste Zustand von der Welt? Er sah wieder hin. Da war seine Halskrause. Die Aufgeblasenheit derer zu karikieren, die behaupten, etwas zu sein, – war das nicht auf seine Art auch ein Lebenszweck? Jedenfalls, wie immer er sich die Sache zurechtlegen mochte, gab es keinen Zweifel, daß er von Flöhen befreit war. Er schüttelte seine Halskrause. Er tanzte auf seinen nackten, dünn gewordenen Beinen. Seine Lebensgeister erwachten wieder. So macht vielleicht eine große Schönheit, die sich vom Krankenbett erhebt und entdeckt, daß ihr Gesicht für immer entstellt ist, einen Scheiterhaufen aus Putz und Schönheitsmitteln und lacht hellauf bei dem Gedanken, daß sie nie wieder in den Spiegel zu blicken oder die Kälte eines Liebhabers oder die Reize einer Nebenbuhlerin zu fürchten braucht. So mag ein Kleriker, seit zwanzig Jahren in gestärktes Leinen und schwarzes Tuch eingezwängt, seinen Halskragen in den Mülleimer werfen und die Werke Voltaires aus dem Schrank holen. Und so sprang Flush davon, ganz und gar zur Karikatur eines Löwen zugestutzt, aber aller Flöhe ledig. »Flush«, schrieb Mrs. Browning ihrer Schwester, »ist weise.« Sie dachte vielleicht an das griechische Sprichwort, daß Glücklichsein nur durch Leiden zu erreichen sei. Der ist der wahre Philosoph, der seinen Mantel eingebüßt hat, aber auch seine Flöhe losgeworden ist.

Flush hatte nicht lange zu warten, bis seine neugewonnene Philosophie auf die Probe gestellt wurde. Im Sommer des Jahres 1852 gab es in der Casa Guidi wieder Anzeichen einer dieser Krisen, Anzeichen, die sich lautlos, wie eine Schublade sich öffnet oder aus einer Schachtel ein Bindfadenende baumeln gelassen wurde, sammeln und für einen Hund etwas so Bedrohliches haben wie die Wolken, die einem Hirten ein Gewitter ankündigen, oder die Gerüchte, die einem Staatsmann einen Krieg vorhersagen.

Abermals deutete sich eine Veränderung an: abermals eine Reise. Na, und wenn! Koffer wurden herabgeholt und umschnürt. Das Kindchen wurde in den Armen hinausgetragen. Mr. und Mrs. Browning erschienen, für die Reise gekleidet. Ein Wagen stand vor dem Haustor. Flush wartete mit philosophischer Ruhe im Vestibül. Als die andern bereit waren, war auch er bereit. Und sobald die alle im Wagen ihre Plätze eingenommen hatten, sprang er mit einem Satz ihnen nach. Venedig, Rom, Paris – wohin ging es? Alle Länder waren nun gleich für ihn; alle Menschen waren seine Brüder. Auch diese Lektion hatte er gelernt. Aber als er dann am Schluß aus der langen Dunkelheit hervorkam, bedurfte er seiner ganzen Philosophie – er war in London.

Häuser erstreckten sich nach rechts und nach links in schnurgeraden Avenuen regelmäßigen Ziegelwerks. Der Gehsteig war kalt und hart unter seinen

Füßen. Und dort, aus einer Mahagonitür mit Messingklopfer, trat eine Dame heraus, in üppig flutenden violetten Samt gekleidet. Ein leichtes, mit Blumen besetztes rundes Ding ruhte auf ihrem Haar. Ihr Kleid raffend, blickte sie hochnäsig die Straße hinauf und hinab, während ein Bedienter gebückt das Trittbrett des Landauers herabließ. Die ganze Welbeck Street – denn es war die Welbeck Street – war in einen Glanz von rötlichem Licht getaucht, einem Licht, nicht klar und heftig wie das italienische, sondern bräunlich und getrübt durch den aufgewirbelten Staub von einer Million Räder, einer Million trampelnder Hufe. Die Londoner *season* war auf ihrem Höhepunkt. Eine dicke Decke von Geräuschen, eine Wolke von verworrenem Gesumm breitete sich, zu einem einzigen Brausen zusammenfließend, über die Stadt. Und hier kam, von einem Pagen an der Kette geführt, ein majestätischer Hirschhund vorbei. Rhythmischen Schritts einhermarschierend, ließ ein Polizist das Licht seiner Blendlaterne von einer Seite zur andern schweifen. Gerüche von Gedünstetem und Gebratenem, von Rindernem und von Schöpsernem mit Kohl stiegen aus tausend Tiefgeschossen auf. Ein livrierter Diener warf einen Brief in den Kasten.

Überwältigt von der Pracht der Weltstadt, hielt Flush für einen Augenblick, einen Fuß auf der Türschwelle, inne. Auch Wilson hielt inne. Wie lumpig sie nun zu sein schien, die Zivilisation Italiens: seine Höfe und Revolutionen, seine Großherzöge und Leibgardisten! Sie dankte Gott, als der Polizist vorbeikam, daß sie Signor Righi schließlich nicht geheiratet hatte. Und dann trat aus der Kneipe an der Ecke eine unheimliche Gestalt. Ein Mann stierte böse her. Mit einem Sprung flüchtete Flush ins Haus.

Einige Wochen lang war er nun eng auf ein Wohnzimmer in einem Logierhaus der Welbeck Street beschränkt, weil das noch immer nötig war. Die Cholera war gekommen, und es ist wahr, daß sie dazu beigetragen hatte, die Zustände in den Krähengenisten zu bessern; aber nicht genug, denn noch immer wurden Hunde gestohlen, und die Hunde der Welbeck wie der Wimpole Street mußten noch immer an der Kette geführt werden. Flush ging natürlich aus und in die gute Gesellschaft. Er traf Hunde beim Briefkasten und vor der Kneipe. Sie hießen ihn mit der ihrer Art eignen Wohlerzogenheit daheim willkommen. Ebenso wie ein englischer Peer, der ein ganzes Leben im Orient verbrachte, und auf den einige Gewohnheiten der Eingeborenen abgefärbt haben – Gerüchte wollen fürwahr wissen, daß er Mohammedaner geworden sei und einen Sohn von einer chinesischen Waschfrau besitze, – sobald er seinen Platz am Hof wieder einnimmt, findet, daß alte Freunde bereitwilligst diese Verirrungen übersehen und er eine Einladung auf Schloß Chatsworth erhält, seiner Frau aber keine Erwähnung getan und stillschweigend angenommen wird, daß er der Familienandacht beiwohnen werde, – so hießen die Pointer und Setter der Wimpole Street Flush in ihrer Mitte willkommen und übersahen den Zustand seines Fells. Aber es herrschte, so schien es Flush nun, eine gewisse morbide Stimmung unter den Hunden Londons. Es war allgemein bekannt, daß Mr. Carlyles Hund, Nero, aus einem Fenster des obersten Stocks gesprungen war in der Absicht, Selbstmord zu begehn. Er hatte, so hieß es, das nervenaufreibende Leben in der Cheyne Row unerträglich gefunden. Und Flush konnte das wahrhaftig gut begreifen, da er nun wieder zurück war, in der Welbeck Street. Die Freiheitsbeschränkungen, der viele Krimskrams, die Küchenschaben bei Nacht, die Schmeißfliegen bei Tag, die beharrlichen Dünste von Schöpsernem, die ewige Anwesenheit von Bananen auf der Anrichte – das alles und dazu die enge Nachbarschaft und Nähe mehrerer dickgekleideter und nicht oft und da sogar nicht vollständig gewaschener Leute wirkte auf seine Stimmung und riß an seinen Nerven. Er lag stundenlang unter der Logierhauschiffoniere. Es war unmöglich, ins Freie hinauszulaufen. Die Haustür war immer verschlossen. Er mußte warten, daß jemand ihn an der Kette führte.

Nur zwei Ereignisse unterbrachen die Eintönigkeit der Wochen, die er in London verlebte. Gegen Ende dieses Sommers fuhren die Brownings eines Tags nach Farnham, um den Reverend Charles Kingsley zu besuchen. In Italien wäre die Erde nun kahl und hart wie Ziegelstein gewesen. Die Flöhe hätten dort gewütet, schmachtend hätte man sich von einem Fleckchen Schatten zum andern geschleppt, dankbar sogar für den schmalen, vom erhobenen Arm einer Donatellostatue geworfenen Streifen. Hier aber in Farnham gab es Wiesen von grünem Gras. Hier gab es Tümpel von blauem Wasser. Hier gab es murmelnde Wälder und so schwellenden Rasen, daß die Pfoten wieder hochsprangen, wenn sie auf ihn traten. Die Brownings und die Kingsleys verbrachten den Tag miteinander. Und noch einmal bliesen, als Flush hinter ihnen hertrabte, die alten Hörner. Der Rausch kehrte wieder – war es Hase oder Fuchs? Flush sauste über die Heidehügel von Surrey, wie er seit den alten Zeiten von Three Mile Cross nicht mehr gelaufen war. Ein Fasan flog mit einem Sprühen von Purpur und Gold raketengleich vor ihm auf. Flush hatte seine Zähne fast schon in die Schwanzfedern geschlagen, als eine Stimme ertönte. Eine Peitsche knallte. War es der Reverend Charles Kingsley, der ihn scharf hereinrief? Jedenfalls rannte er nicht weiter. Die Wälder von Farnham waren streng gehegtes Gebiet.

Ein paar Tage später lag er im Wohnzimmer in der Welbeck Street, als Mrs. Browning, zum Ausgehn gekleidet, hereintrat und ihn unter der Chiffoniere hervorrief. Sie klinkte die Kette in sein Halsband, und zum erstenmal seit dem September 1846 gingen sie miteinander durch die Wimpole Street. Als sie zur Haustür von Nummer 50 kamen, blieben sie wie ehemals stehn. Ganz wie ehemals warteten sie. Ganz wie ehemals ließ sich der Butler Zeit. Endlich öffnete sich die Tür. War das wirklich Catilina, der da auf seiner Matte lag? Der alte zahnlose Hund gähnte und rekelte sich, ohne die beiden zu beachten. Verstohlen schlichen sie die Treppe hinauf, so leise, wie sie einst heruntergekommen waren. Sehr sacht die Türen öffnend, als fürchtete sie sich vor dem, was sie dahinter vielleicht zu sehen bekäme, ging Mrs. Browning von Zimmer zu Zimmer. Eine düstere Stimmung befiel sie, während sie sich in ihnen umsah. ». . . sie erschienen mir«, schrieb sie, »irgendwie kleiner und dunkler, und der Einrichtung mangelte Zweckmäßigkeit und Bequemlichkeit.« Der Efeu tappte noch immer an die Fensterscheibe des hintern Schlafzimmers. Die gemalte Gardine verdeckte noch immer die Häuser gegenüber. Nichts war geändert worden. Nichts hatte sich während aller dieser Jahre ereignet. So ging sie in schwermütigem Erinnern von Zimmer zu Zimmer. Aber lange bevor sie ihren Rundgang beendet hatte, war Flush in fieberhafter Angst. Wie, wenn Mr. Barrett hereinkäme und sie beide fände? Wie, wenn er nach einem einzigen strengen Blick, einem einzigen Stirnrunzeln den Schlüssel umdrehen und sie für immer in dem hintern Schlafzimmer einsperren würde? Endlich schloß Mrs. Browning die Türen und ging sehr still wieder hinunter. Ja, sagte sie, das Haus mache ihr den Eindruck, eine Reinigung nötig zu haben.

Danach blieb nur ein einziger Wunsch in Flush lebendig – London und England für immer zu verlassen. Er war erst wieder glücklich, als er sich auf Deck des nach Frankreich steuernden Kanaldampfers befand. Es war eine stürmische Überfahrt, und sie dauerte acht Stunden. Während der Dampfer rollte und stampfte, wälzte Flush einen Tumult gemischter Erinnerungen in seinem Geist – an Damen in violettem Samt, an zerlumpte Männer mit Säcken, an den Regent's Park und Königin Victoria, die mit Vorreitern vorbeifuhr, an das Grün englischen Grases und den scharfen Geruch englischer Bürgersteige. Das alles ging ihm durch den Sinn, während er auf dem Verdeck lag. Und aufblickend gewahrte er einen ernsten, hochgewachsenen Mann, der an der Reeling lehnte.

»Mr. Carlyle!« hörte er Mrs. Browning ausrufen; worauf – die Überfahrt war, wie man nicht vergessen darf, eine sehr schlimme – Flush von heftiger

Übelkeit befallen wurde. Matrosen kamen mit Eimern und Scheuerlappen gelaufen. »... er wurde geflissentlich von Deck gewiesen, der arme Hund«, berichtete Mrs. Browning. Das Deck war noch englisch, und auf englischen Decks dürfen Hunde sich nicht erbrechen. Das war sein Abschiedsgruß an das Land seiner Geburt.

Sechstes Kapitel

DAS ENDE

Flush wurde nun schon ein alter Hund. Die Reise nach England und all die Erinnerungen, die sie auffrischte, hatten ihn zweifellos ermüdet. Es wurde bemerkt, daß er nach seiner Rückkehr lieber Schatten als Sonnenschein aufsuchte, obgleich der Schatten von Florenz heißer war als die Sonne der Wimpole Street. Zu Füßen einer Statue hingestreckt oder, um der paar Tropfen willen, die bisweilen auf sein Fell spritzten, unter der Wölbung eines Brunnenrands, döste er oft stundenlang. Die jungen Hunde versammelten sich um ihn. Ihnen erzählte er seine Geschichten von Whitechapel und der Wimpole Street, er beschrieb ihnen den Duft von Klee und die Gerüche der Oxford Street. Er gab seine Erinnerungen an die eine oder andre Revolution zum besten – wie Großherzöge gekommen, Großherzöge gegangen waren; aber die gefleckte Spanielhündin im Seitengäßchen zur Linken, die bleibe, pflegte er zu sagen. Dann eilte etwa der heftige Mr. Landor vorbei und schüttelte in gespielter Wut die Faust gegen ihn; die freundliche Miss Isa Blagden blieb vielleicht stehn und nahm ein verzuckertes Kuchenplätzchen aus ihrem Retikül; die Bauernweiber auf dem Marktplatz machten ihm im Schatten ihrer Körbe ein Lager aus Blättern zurecht und warfen ihm bisweilen ein Büschel Trauben zu. Ganz Florenz kannte ihn, hatte ihn gern – hoch und niedrig, Hunde und Menschen.

Doch er wurde nun ein alter Hund, und er neigte immer stärker dazu, nicht einmal mehr unter dem Brunnen zu liegen – denn das Katzenkopfpflaster war zu höckerig für seine alten Knochen – sondern in Mrs. Brownings Schlafzimmer, wo das Wappen der Guidi einen glatten Fleck von Scagliola auf dem Boden bildete, oder unter dem Tisch im Salon. Eines Tags, bald nach seiner Rückkehr aus London, lag er in festem Schlaf. Der tiefe, traumlose Schlaf des hohen Alters umfing ihn schwer. Ja sein Schlaf war heute sogar tiefer als gewöhnlich, denn während er schlief, schien die Dunkelheit rings um ihn sich zu verdichten. Wenn ihm etwas träumte, dann wohl, daß er im Innern eines Urwalds schlafe, abgeschlossen vom Sonnenlicht, abgeschlossen von den Stimmen der Menschen, obgleich ihm im Traum zuweilen war, als hörte er das schläfrige Zirpen eines träumenden Vogels oder, wenn der Wind die Zweige bewegte, das glucksende Auflachen eines sattgefressen duselnden Affen.

Dann teilten sich auf einmal die Zweige; Licht brach herein – hier und hier, in blendenden Strahlenbündeln. Affen schnatterten erregt, Vögel flogen auf, mit erschrockenen Rufen und Gekreisch. Er sprang voll erwacht auf die Füße. Ein erstaunlicher Aufruhr herrschte rings um ihn. Zwischen den kahlen Beinen eines gewöhnlichen Salontisches war er eingeschlafen, und nun sah er sich umringt von gebauscht wogenden Frauenröcken und schlenkernden Männerhosen. Der Tisch selbst schwankte überdies heftig von einer Seite zur andern. Er wußte nicht, wohin er laufen sollte. Was, in aller Welt, geschah hier, was, um Himmels willen, war in den Salontisch gefahren? Er erhob seine Stimme zu einem langgezogenen fragenden Geheul.

Wonach Flush fragte, darauf kann hier keine befriedigende Antwort gegeben werden. Ein paar Tatsachen, und diese nur die nacktesten, sind alles, was sich beibringen läßt. Kurz gesagt also, hat es den Anschein, daß zu Anfang des neunzehnten Jahrhunderts Gräfin Blessington eine Kristallkugel von einem Magier gekauft hatte. Ihre Erlaucht »wußte sie nie richtig zu verwenden«, ja sie war nie imstande gewesen, etwas andres als Kristall in der Kugel zu sehen. Nach ihrem Tod jedoch fand eine Versteigerung ihres Nachlasses statt, und die Kugel gelangte in den Besitz solcher, die »tiefer blickten oder mit reineren Augen« und noch andres in der Kugel sahen außer Kristall. Ob Lord Stanhope der Ersteher war, ob er es war, der »mit reineren Augen«

blickte, wird nicht berichtet. Gewiß aber war Lord Stanhope im Jahre 1852 im Besitz einer Kristallkugel, und Lord Stanhope brauchte nur hineinzusehen, um darin unter anderm »die Geister der Sonne« zu erblicken. Das war offenbar kein Anblick, den ein gastfreundlicher Mann von Adel seinen Freunden vorenthalten durfte, und darum pflegte Lord Stanhope seine Kugel bei seinen Mittagsgesellschaften vorzuführen und Gäste eigens einzuladen, damit auch sie die Geister der Sonne sähen. Es muß etwas seltsam Entzückendes an diesem Anblick gewesen sein; Kristallkugeln wurden die große Mode, und glücklicherweise entdeckte ein Londoner Optiker bald, daß er sie herstellen konnte, ohne ein Ägypter oder Magier zu sein, obgleich natürlich der Preis englischen Kristalls recht hoch war. So kamen Anfang der fünfziger Jahre viele Leute in den Besitz von Kristallkugeln, wenn auch »viele«, sagte Lord Stanhope, »die Kugeln verwenden ohne den moralischen Mut, das einzugestehn«. Das Treiben der Geister in London nahm wahrhaftig so überhand, daß es mit einiger Beunruhigung empfunden wurde und Lord Stanley sich zu Sir Edward Lytton äußerte, »die Regierung sollte eine Untersuchungskommission einsetzen, um soweit als möglich den Tatsachen auf den Grund zu kommen«. Ob das Gerücht von einer beabsichtigen Regierungskommission die Geister in

Aufregung versetzte oder ob Geister, gleich Körpern, wenn eng zusammengedrängt, sich auszubreiten trachten – keinesfalls läßt sich bezweifeln, daß die Geister Anzeichen von Ruhelosigkeit zu geben begannen, in hellen Scharen entwichen und ihren Aufenthalt in Tischbeinen nahmen. Was immer der Beweggrund gewesen sein mochte, dieser Wechsel hatte Erfolg. Kristallkugeln sind kostspielig, aber fast jedermann besitzt einen Tisch. Und so fand Mrs. Browning, als sie im Winter 1852 nach Italien zurückkehrte, daß die Geister ihr vorausgeeilt waren; die Tische von Florenz waren fast ohne Ausnahme angesteckt. »Von der Gesandtschaft bis zum englischen Apotheker«, schrieb sie, »betreiben die Leute überall das ›Tischrücken‹. Wenn man sich um einen Tisch versammelt, dann geschieht das nicht, um Whist zu spielen.« Nein, es geschah, um von den Tischbeinen übermittelte Botschaften zu entziffern. Etwa nach dem Alter des Kindes befragt, »drückt sich der Tisch verständlich durch Klopfen mit den Beinen aus, antwortet nach dem Alphabet«. Und wenn ein Tisch dir sagen kann, dein Kind sei vier Jahre alt, was vermag er da nicht noch alles? Klopfende Tische wurden in Läden angepriesen. Mauern waren mit Plakaten bedeckt, welche Wunder ankündigten *»scoperte a Livorno«*. Schon im Jahre 1854 – so rasch breitete sich die Sache aus – »hatten viermalhunderttausend Familien in Amerika namentlich bekanntgegeben ... daß sie sich tatsächlich der Zwiesprache mit Geistern erfreuen«. Und aus England kam nun die Nachricht, daß Sir Edward Bulwer-Lytton »mehrere der amerikanischen Klopfgeister« ins Land eingeführt und nach Knebworth gebracht habe, mit dem glücklichen Ergebnis – so wurde der kleine Arthur Russell belehrt, als er einen »wunderlich aussehenden alten Herrn in einem abgetragenen Schlafrock« ihn beim Frühstück anstarren sah, – daß Sir Edward Bulwer-Lytton sich für unsichtbar hielt.

Als Mrs. Browning zum erstenmal bei einer Mittagsgesellschaft in Lord Stanhopes Kristallkugel blickte, sah sie nichts darin – als tatsächlich ein bemerkenswertes Zeichen der Zeit. Die Geister der Sonne sagten ihr allerdings, daß sie die Absicht habe, nach Rom zu fahren, aber da sie nicht die Absicht hatte, nach Rom zu fahren, widersprach sie den Geistern der Sonne. »Jedoch«, fügte sie wahrheitsgetreu hinzu, »ich liebe das Wunderbare.« Sie war über alle Maßen abenteuerlustig. Sie hatte sich unter Lebensgefahr in die Manning Street gewagt. Sie hatte eine Welt entdeckt, deren Vorhandensein im Umkreis einer halben Stunde Wagenfahrt von der Wimpole Street sie sich nicht einmal hatte träumen lassen. Warum sollte es nicht eine andre Welt geben, nur einen halben Augenblick Fliegens von Florenz – eine bessere Welt, eine schönere Welt, wo die Toten leben und vergeblich uns zu erreichen trachten? Auf jeden Fall wollte sie es wagen. Und so setzte auch sie sich an den Tisch. Und es kam Mr. Lytton, der glänzend begabte Sohn eines unsichtbaren Vaters; es kamen Mr. Frederick Tennyson und Mr. Powens und Signor Villari – sie alle setzten sich um den Tisch, und dann, als der Tisch zu strampeln aufgehört hatte, blieben sie weiter sitzen und tranken Tee und aßen Erdbeeren mit Sahne, während »Florenz sich in das Violett der Hügel auflöste und die Sterne zusahen«, und redeten und redeten. ». . . was für Geschichten wir erzählten und welche Wunder wir beschworen! Oh, wir sind Gläubige hier, Isa, mit Ausnahme Roberts . . .« Dann kam der fast taube Mr. Kirkup mit seinem trübseligen weißen Bart hereingeplatzt. Er war nur gekommen, um auszurufen: »Es *gibt* eine Geisterwelt – es *gibt* ein Leben nach dem Tode. Ich bekenne es, ich bin endlich überzeugt.« Und wenn Mr. Kirkup, desen Glaubensbekenntnis immer »hart an Atheismus gegrenzt hatte«, bekehrt war, nur weil er trotz seiner Taubheit »drei Klopfzeichen, so laut, daß sie ihn aufspringen machten«, gehört hatte, wie konnte da Mrs. Browning ihre Hände vom Tisch lassen? »Du weißt, ich bin so etwas wie eine Visionärin und neige dazu, mich an allen Türen der gegenwärtigen Welt herumzutreiben und zu versuchen, aus ihr auszubre-

chen«, schrieb sie. So berief sie also die Gläubigen in die Casa Guidi, und hier saßen sie nun, die Hände auf dem Salontisch, und versuchten auszubrechen.
Flush fuhr in wildester Angst auf. Frauenröcke und Männerhosen umwogten ihn; der Tisch stand auf einem Bein. Aber was immer die um den Tisch Sitzenden auch hören und sehen konnten, Flush konnte nichts hören oder sehen. Gewiß, der Tisch stand auf einem Bein, aber das tun Tische, wenn man sich schwer auf die eine Seite lehnt. Er selbst hatte schon Tische umgeworfen und war tüchtig dafür gescholten worden. Nun aber saß Mrs. Browning, die großen Augen weit geöffnet, da und starrte so, als sähe sie draußen etwas Wunderbares. Flush raste auf den Balkon und blickte über den Rand. Fuhr dort etwa noch ein Großherzog mit Fahnen und Fackeln vorbei? Flush konnte nichts sehen, nur eine alte Bettlerin, die an der Straßenecke über ihren Korb mit Melonen gekauert saß. Zweifellos jedoch sah Mrs. Browning etwas; offenbar etwas ganz Wunderbares. So hatte sie einst in den alten Zeiten in der Wimpole Street einmal ohne jeden ihm wahrnehmbaren Grund geweint. Und dann hatte sie gelacht und ihm ein verwischtes Gekritzel hingehalten. Aber dies hier war anders. Es war nun stets etwas in ihrem Blick, das ihm Furcht machte, es war etwas im Zimmer oder in

dem Tisch oder in den Unterröcken und Hosenbeinen, das er ganz und gar nicht mochte.
Als die Wochen vergingen, nahm diese Beschäftigung mit dem Unsichtbaren Mrs. Browning immer mehr in Anspruch. Es mochte ein schöner, warmer Tag sein, aber statt zuzusehen, wie die Eidechsen zwischen den Steinen ein und aus glitten, saß sie an dem Tisch; es mochte eine tiefblaue, sternklare Nacht sein, aber statt in einem Buch zu lesen oder die Hand übers Papier eilen zu lassen, rief sie, wenn Mr. Browning ausgegangen war, nach Wilson, und die kam gähnend. Dann saßen sie miteinander am Tisch, bis dieses Möbelstück, dessen Hauptzweck doch das Schattenspenden war, auf den Boden klopfte und Mrs. Browning ausrief, daß es Wilson verkünde, sie werde bald erkranken. Wilson erwiderte, daß sie nur schläfrig sei. Bald aber kreischte Wilson selbst, die unerbittliche, die aufrechte, die durch und durch britische, laut auf und fiel in Ohnmacht, und Mrs. Browning eilte hin und her, um »den hygienischen Essig« zu finden. Das schien Flush eine höchst unerfreuliche Art, einen ruhigen Abend zu verbringen. Weit besser, still dazusitzen und in einem Buch zu lesen.
Unbezweifelbar nahmen die Spannung, der kaum merkliche, aber unangenehme Geruch, das Klopfen, Kreischen und der Essig seine Nerven her. Wenn das Kind, Penini, betete, »daß Flush die Haare

wachsen mögen«, war das ein Wunsch, den Flush verstehn konnte. Aber diese Form des Betens, die die Anwesenheit übelriechender, mieserig aussehender Männer und die Kapriolen eines offenbar massiven Mahagonimöbels erforderte, ärgerte ihn ebensosehr, wie sie diesen robusten, vernünftigen, gutgekleideten Mann, seinen Herrn, ärgerte. Schlimmer jedoch als jeder Geruch, schlimmer als irgendwelche Kapriolen war für Flush der Ausdruck in Mrs. Brownings Gesicht, wenn sie zum Fenster starrte, als sähe sie etwas Wunderbares, wo gar nichts zu sehen war. Flush stellte sich vor sie hin. Sie sah durch ihn hindurch, als wäre er gar nicht da. Das war der grausamte Blick, mit dem sie ihn je angesehen hatte. Er war schlimmer denn ihr kalter Zorn damals, als er Mr. Browning ins Bein gebissen hatte, schlimmer denn ihr spöttisches Auflachen, als die Wagentür seine Pfote einklemmte, damals im Regent's Park. Es gab wahrhaftig Augenblicke, wo er fast mit Bedauern an die Wimpole Street dachte. Die Tische in Nummer 50 hatten nie auf einem Bein gewippt, das Tischchen mit dem Reifen um die Platte, die ihre kostbaren Nippes getragen, hatte immer völlig still gestanden. In jenen fernen Tagen brauchte er immer nur aufs Sofa zu springen, und Miss Barrett wurde sogleich ganz wach und sah ihn an. Wenn er nun zu ihr aufs Sofa sprang, beachtete sie ihn nicht. Sie schrieb. Sie schenkte ihm keine Aufmerksamkeit. Sie schrieb weiter – »auch nahmen auf Verlangen des Mediums die Geisterhände eine Girlande vom Tisch, die darauf lag, und taten sie mir auf den Kopf. Diese Hand, die das tat, war von größtem Menschenmaß, so weiß wie Schnee und sehr schön. Sie war mir so nahe wie die Hand, mit der ich dies schreibe und ich sah sie ebenso deutlich.« Flush mahnte sie ungeduldig mit der Pfote. Sie blickte durch ihn hindurch, als wäre er unsichtbar. Er sprang vom Sofa und lief hinunter auf die Straße.

Es war ein glühend heißer Nachmittag. Die alte Bettlerin an der Ecke war über ihren Melonen eingeschlafen. Die Sonne dröhnte förmlich in der Luft. Sich auf der Schattenseite der Gassen haltend, trabte Flush auf wohlbekannten Wegen zum Marktplatz. Das ganze große Viereck leuchtete von Ständen und bunten Sonnenblachen und Schirmen. Die Marktfrauen saßen neben Körben voll Obst; Tauben flatterten, Glocken läuteten, Peitschen knallten. Die vielfarbenen Köter von Florenz liefen schnuppernd und alles betapsend dazwischen umher. Es ging so lebhaft zu wie in einem Bienenkorb, und dabei war es so heiß wie in einem Backofen. Flush suchte Schutz vor der Sonne. Er ließ sich neben seiner Freundin Caterina zu Boden fallen, in den Schatten ihres großen Korbs. Ein Krug mit roten und gelben Blumen warf seinen Schatten da-

neben hin. Eine Statue über ihnen, die den rechten Arm ausgestreckt hielt, vertiefte ihn zu Violett. Flush lag da im Kühlen und sah den jungen, mit ihren eignen Angelegenheiten beschäftigten Hunden zu. Sie knurrten einander an und bissen sich herum, rekelten sich und tollten mit der ganzen Ausgelassenheit froher Jugend umher. Sie jagten einander ein und aus und rundherum, wie er selbst hinter der gefleckten Spanielhündin in dem Gäßchen hergewesen war. Seine Gedanken wandten sich für einen Augenblick Reading zu – Mr. Partridges Spanielhündin, seiner ersten Liebe, und den unschuldigen Wonnen der Jugend. Nun, er hatte sein Leben genossen, er neidete denen da das ihre nicht. Er hatte die Welt als einen angenehmen Aufenthalt kennengelernt. Er hatte jetzt nichts an ihr zu tadeln. Die Marktfrau kraute ihn hinter dem Ohr; sie hatte ihm oft wegen einer gestohlenen Traube oder irgendeiner andern Missetat eins versetzt, aber er war nun alt, und auch sie war alt. Er bewachte ihr ihre Obstkörbe, und sie kraute ihm sein Ohr. So strickte sie, und er döste. Die Fliegen surrten auf der großen, rotfleischigen Melone, die aufgeschnitten worden war, um das Innere zur Schau zu stellen.
Die Sonne schien köstlich heiß durch die Lilienblätter und durch den grün und weißen Schirm. Die Marmorstatue verlieh dieser Hitze Champagnerfrische. Flush lag und ließ sie sich durch seinen Pelz

auf die Haut brennen. Und wenn er auf der einen Seite geröstet war, wandte er sich herum und ließ die Sonne die andre rösten. Unterdessen schwatzten und feilschten die Marktleute die ganze Zeit. Frauen kamen vorbei, blieben stehn und betasteten das Gemüse und das Obst. Es herrschte solch ein unaufhörliches Summen und Surren menschlicher Stimmen, wie Flush es zu hören liebte. Nach einer Weile nickte er im Schatten der Lilien ein. Er schlief, wie Hunde schlafen, wenn sie träumen. Nun zuckten seine Beine – träumte er, daß er in Spanien Kaninchen jage? Rannte er einen sonnenheißen Hang hinauf, vor dunkelhäutigen Männern her, die »Span! Span!« riefen, wenn die Kaninchen aus dem Gebüsch hervorflitzten? Dann lag er wieder still. Und nun kläffte er schnell und leise viele Male hintereinander. Vielleicht hörte er Dr. Mitford in Reading seine Windspiele zur Jagd anfeuern. Dann wedelte sein Schwanz dämlich. Hörte er Miss Mitford »Schlimmer Hund! Schlimmer Hund!« rufen, als er zu ihr zurückschlich, dahin, wo sie zwischen den Rüben stand und ihren Schirm schwenkte? Und danach lag er eine Weile und schnarchte, vom tiefen Schlaf glücklichen hohen Alters umfangen. Er erwachte mit einem heftigen Ruck. Wo glaubte er zu sein? In Whitechapel unter den Strolchen? Saß ihm das Messer wieder an der Kehle?

Was immer es war, er erwachte aus seinem Traum in einem Zustand des Entsetzens. Er machte sich davon, als wollte er sich in Sicherheit bringen, als suchte er Zuflucht. Die Marktweiber lachten und bewarfen ihn mit faulen Weinbeeren und riefen ihn zurück. Er beachtete es nicht. Karrenräder hätten ihn fast zermalmt, als er durch die Straßen sauste, – die Männer, die im Stehen lenkten, fluchten und schnippten mit der Peitsche nach ihm. Halbnackte Kinder warfen ihm Kieselsteine nach und schrien: *»Matto! Matto!«*, als er vorbeiraste. Ihre Mütter stürzten besorgt aus den Haustüren und rissen sie zurück. War er also toll geworden? Hatte die Sonne ihm das Hirn versengt? Oder hatte er noch einmal das Jagdhorn der Venus vernommen? Hatte am Ende einer der amerikanischen Klopfgeister, einer der Geister, die in Tischbeinen wohnen, von ihm Besitz ergriffen? Was immer der Grund war, er lief schnurstracks durch Gassen und Gäßchen, bis er das Tor der Casa Guidi erreichte, und geradewegs die Treppe hinauf und in den Salon.

Mrs. Browning lag auf dem Sofa und las. Sie fuhr zusammen und blickte auf, als er hereinkam. Nein, es war kein Geist – es war nur Flush. Sie lachte. Dann, als er zu ihr aufs Sofa sprang und ihr die Schnauze ins Gesicht streckte, erinnerte sie sich, wie er sie vor Jahren einmal in der Wimpole Street hatte trösten wollen, als sie sich sehr unglücklich fühlte. Nun war sie glücklich. Aber sie wurde alt, und das wurde auch Flush. Sie beugte sich einen Augenblick zu ihm. Ihr Gesicht mit dem breiten Mund, den großen Augen und schweren Locken glich noch immer wunderlich dem seinen. Entzweigebrochen, jedoch aus ein und derselben Form gegossen, ergänzte vielleicht eins, was im andern schlummerte. Aber sie war Mensch, er war Hund. Mrs. Browning las weiter. Dann sah sie wieder auf Flush. Doch er sah sie nicht an. Eine außerordentliche Veränderung war über ihn gekommen. »Flush!« rief sie. Aber er blieb stumm. Er war lebendig gewesen; nun war er tot. Das war alles. Der Salontisch stand seltsamerweise vollkommen still.

S. 24

»Bemaltes Gewebe.« Miss Barrett schreibt: »Ich ließ eine transparente Gardine in meinem Fenster anbringen.« Sie fügt hinzu: »Papa beleidigt mich durch den Vergleich mit dem Hinterfenster einer Konditorei, ist aber offenbar doch gerührt, wenn das Schloß von der Sonne erleuchtet wird.« Manche sind der Ansicht, daß das Schloß und so weiter auf eine dünne metallische Substanz gemalt war, andre, daß es eine reichbestickte Musselingardine war. Es gibt anscheinend keine Möglichkeit, die Sache mit Sicherheit festzustellen.

S. 42

»Mr. Kenyon ... mümmelte ein wenig, weil ihm zwei Vorderzähne fehlten.« Daran ist etwas Übertriebenes und nur Gemutmaßtes. Miss Mitford ist die Quelle. Es heißt von ihr, sie habe im Gespräch mit Mr. Horne gesagt: »Unsre liebe Freundin, das wissen Sie doch, sieht nie jemand außer den Mitgliedern ihrer eignen Familie und ein paar andern Menschen. Sie hat eine hohe Meinung von der Vortragskunst sowie von dem guten Geschmack Mr. –s und läßt sich von ihm ihre neuesten Gedichte vorlesen ... Also steht Mr. – auf dem Teppich vor dem Kamin und erhebt das Manuskript und seine Stimme, während unsre liebe Freundin, in indische Schals gehüllt und ganz Aufmerksamkeit, auf dem Sofa liegt und die langen schwarzen Locken über ihren gesenkten Kopf herabfluten. Nun hat aber der gute Mr. – einen Vorderzahn verloren, nicht einen ganz vordern, sondern einen halb seitlichen, – und das, sehen Sie, bewirkt eine fehlerhafte Aussprache ... eine liebenswerte Undeutlichkeit, ein Erweichen und Verschleifen von Silben, so daß Säule und Eule einander wirklich sehr ähnlich klängen ...« Es ist wohl kaum zu bezweifeln, daß Mr. – Mr. Kenyon war. Die Auslassung war erforderlich wegen des eigenartigen Taktgefühls der Viktorianer, was Zähne betraf. Aber es hängen wichtigere, die englische Literatur betreffende Fragen damit zusammen. Gegen Miss Barrett wird schon lange der Vorwurf, ein ungenügend feines Gehör gehabt zu haben, erhoben. Miss Mitford behauptet, es sollte vielmehr Mr. Kenyon eines fehlerhaften Gebisses beschuldigt werden. Andrerseits behauptete Miss Barrett selbst, daß ihre Reime nichts mit seinem Mangel an Zähnen oder ihrem Mangel an Gehör zu tun haben. »Sehr viel Aufmerksamkeit«, schrieb sie, »– weit mehr, als nur völlig genaue Reime erfordert hätten, – habe ich auf das Problem des Reimens überhaupt verwendet und kaltblütig beschlossen, einige Experimente zu wagen.« Daher reimte sie *angels* auf *candles, heaven* auf *unbelieving* und *islands* auf *silence* – ganz kaltblütig. Das muß natürlich der Entscheidung der Professoren überlassen bleiben, aber wer sich mit Mrs. Brownings Charakter und ihrem Tun und Lassen beschäftigt hat, wird zu der Ansicht neigen, daß sie vorsätzlich Regeln durchbrach, sowohl der Kunst als auch der Liebe, und ihr daher einige Mitschuld an der Entwicklung der neueren Dichtkunst zusprechen.

S. 55
»Gelbe Handschuhe.« In Mrs. Orrs *Life of Browning* wird die Tatsache verzeichnet, daß er zitronenfarbene Handschuhe trug. Mrs. Bridell-Fox, die ihn 1835–36 kennenlernte,

sagt: »Er war damals schlank und dunkelhaarig und sehr hübsch und hatte – wenn ich es andeuten darf – just ein wenig von einem Dandy, mit seiner Vorliebe für zitronengelbe Glacéhandschuhe und dergleichen.«

S. 75
»Er war gestohlen worden.« Tatsächlich wurde Flush dreimal gestohlen. Aber die gewissen drei Einheiten scheinen zu fordern, daß diese Diebstähle zu einem einzigen zusammengefaßt werden. Die gesamte Summe, die Miss Barrett Hundedieben zahlte, belief sich auf zwanzig Pfund.

S. 96
»Die Gesichter dieser Männer tauchten auf einem sonnigen Balkon in Italien wieder vor mir auf.« Lesern der *Aurora Leigh* – aber da es solche nicht gibt, muß hier erklärt werden, daß Mrs. Browning eine so betitelte Dichtung schrieb, worin eine der packendsten Stellen (obgleich sie unter einer gewissen Verzerrung leidet, welche allerdings ganz begreiflich ist bei einer Dichterin, die, was sie schildert, nur ein einziges Mal und von einem Mietwagen aus sieht und dabei von Wilson am Kleid gezupft wird) die Beschreibung eines Londoner Elendsquartiers ist. Es ist klar, daß Mrs. Browning ein Maß von Wißbegierde nach dem Leben der Menschen besaß, das durchaus nicht von den Büsten Homers und Chaucers auf dem Waschtisch in ihrem Schlafzimmer befriedigt wurde.

S. 105
»Hodgsons Buchhandlung.« Dort, nur ein paar hundert Schritte entfernt, wartete Robert Browning und stieg zu Elizabeth in den Wagen. Noch am selben Abend verließen sie England. (Anm. d. Übs.)

S. 113
»Lily Wilson verliebte sich in Signor Righi.« Das Leben Lily Wilsons liegt ganz im Dunkel und schreit daher nach den Diensten eines Biographen. Keine andre Gestalt in den Browning-Briefen, außer den Hauptfiguren, erregt unsre Neugier stärker und befriedigt sie weniger. Ihr Taufname war Lily, ihr Familienname Wilson. Das ist alles, was wir von ihrer Geburt und Erziehung wissen. Ob sie die Tochter eines Pachtbauern in der Nachbarschaft des Landhauses der Barretts war und deren Köchin durch die Ziemlichkeit ihres Benehmens und die Sauberkeit ihrer Schürze vorteilhaft bekannt wurde, und zwar so sehr, daß, als sie einmal auf irgendeinem Botengang in das große Haus kam, Mrs. Barrett einen Vorwand fand, um grade in diesem Augenblick die Küche zu betreten, und einen so guten Eindruck hatte, daß sie sie als Miss Elizabeths Zofe aufnahm, oder ob sie eine bodenständige Londonerin war oder aus Schottland stammte – das läßt sich nicht feststellen. Jedenfalls war sie im Jahre 1846 bei Miss Barrett in Dienst. Sie war »ein kostspieliger Dienstbote« – ihr Lohn waren sechzehn Pfund im Jahr. Da sie fast so selten sprach wie Flush, wissen wir wenig über ihre Charakterzüge, und da Miss Barrett nie ein Gedicht auf sie schrieb, sind wir mit ihrem Äußeren viel weniger vertraut als mit dem seinen. Doch geht aus Andeutungen in den Briefen klar hervor, daß sie anfangs eines jener sittsamen, fast unmenschlich korrekten britischen Dienstmädchen war, die damals den Ruhm der untern Region Londoner Herrschaftshäuser bildeten. Unverkennbar ist ferner, daß Wilson auf Rechte und Förmlichkeiten versessen war; sie machte jedenfalls einen Fetisch aus der »Gesindestube«. Wilson wäre die erste gewesen, darauf zu bestehn, daß die niedere Dienerschaft ihre Mahlzeiten am untern und die höhere am obern Ende des Tisches einzunehmen habe. Das

alles ist in der Bemerkung enthalten, die sie machte, als sie Flush mit der Hand geschlagen hatte: »Weil es recht war.« Solche Achtung vor Konventionen bringt, wie kaum gesagt zu werden braucht, äußersten Abscheu vor jedem Verstoß gegen sie mit sich. So war Wilson, als sie sich in der Manning Street den untern Klassen gegenübersah, viel ängstlicher und viel überzeugter davon, daß die Hundediebe Mörder seien, als Miss Barrett selbst. Zugleich aber zeigte die heldenhafte Art, auf die sie ihr Entsetzen überwand und Miss Barrett im Wagen begleitete, wie tief ihr die andre Konvention, Treue gegen ihre Herrin, eingefleischt war. Wohin Miss Barrett ging, dahin wollte auch Wilson gehn. Dieser Grundsatz offenbarte sich glanzvoll, als sie mit ihrer Herrin durchbrannte. Miss Barrett hatte Zweifel an Wilsons Mut gehegt. Aber ihre Zweifel waren unbegründet. »Wilson«, schrieb sie – und es waren die letzten Worte, die sie als Miss Barrett an Robert Browning schrieb – »benahm sich untadelig gegen mich. Und ich ... die ich sie furchtsam nannte und ihre Furchtsamkeit fürchtete, ich beginne zu glauben, daß niemand so mutig ist wie die Furchtsamen, wenn sie einmal tüchtig gereizt sind.« Es verlohnt sich nebenbei, für einen Augenblick bei der außerordentlichen Unsicherheit eines Dienstmädchendaseins zu verweilen. Wäre Wilson nicht mit Miss Barrett gegangen, so hätte man sie, wie Miss Barrett wußte, »vor Sonnenuntergang auf die Straße gesetzt«, vermutlich mit nur den paar Schilling Ersparnissen von ihren jährlichen sechzehn Pfund. Und was wäre dann ihr Schicksal gewesen? Da englische Romane aus jenen vierziger Jahren sich kaum mit dem Leben von Kammerzofen befaßten und die Biographen damals ihre Scheinwerfer noch nicht so tief gerichtet hatten, muß diese Frage eine Frage bleiben. Aber Wilson wagte den Sprung. Sie erklärte, daß sie »überallhin in die Welt mit mir gehn wolle«, sie verließ das Tiefgeschoß, die Gesindestube, diese ganze Welt der Wimpole Street, die für sie den Umkreis aller Zivilisation, aller redlichen Gesinnung und anständigen Lebensweise bedeutete, und vertauschte sie mit der zügellosen Liederlichkeit und Gottlosigkeit eines fremden Lands. Nichts ist verwunderlicher, als den Widerstreit zu betrachten, der sich in Italien zwischen Wilsons englischer Sittsamkeit und ihren natürlichen Leidenschaften entspann. Sie bespöttelte den italienischen Hof. Sie war entrüstet über italienische Bilder. Aber wurde sie auch »zurückgeschlagen von der Indezenz einer Venus«, scheint sie sich, was ihr hoch anzurechnen ist, besonnen zu haben, daß Frauen nackt sind, wenn sie ihre Kleider ablegen. Sogar ich selbst, hat sie vielleicht gedacht, bin täglich während zweier oder dreier Sekunden nackt. Und so »denkt sie, sie will es nochmals versuchen, und wer weiß, ob die lästige Schamhaftigkeit nicht nachlassen wird«. Daß sie sehr schnell nachließ, ist klar. Bald fand nicht nur Italien ihre Billigung, sie hatte sich in Signor Righi von der großherzoglichen Leibgarde verliebt – »lauter äußerst achtbare und moralische Männer und gute sechs Fuß hoch« – und trug einen Verlobungsring, brach mit einem Londoner Freier und lernte Italienisch. Dann senken sich die Wolken wieder; sobald sie sich abermals heben, zeigen sie uns Wilson verlassen – »der treulose Righi war aus seiner Verlobung mit Wilson ausgekniffen«. Verdacht fällt auf seinen Bruder, einen Schnittwarengroßhändler in Prato. Als Righi seinen Abschied von der großherzoglichen Leibgarde nahm, wurde er auf den Rat seines Bruders Schnittwarenkleinhändler in Prato. Ob sein neuer Beruf von seiner Frau eine Kenntnis des Schnittwarenhandels erforderte, ob eins der Mädchen von Prato diese zu bieten hatte – sicher ist, daß er Wilson nicht so oft schrieb, wie er es hätte tun sollen. Aber durch welches Verhalten dieses äußerst achtbaren und moralischen Mannes Mrs.

Browning im Jahre 1850 zu dem Ausruf veranlaßt wurde: [»Wilson] ist nun vollständig darüber hinweg, was ganz gewaltig für ihre gesunde Vernunft und ihren aufrechten Charakter spricht. Wie könnte sie auch weiterhin einen solchen Menschen lieben?«, und warum Righi in so kurzer Zeit zu einem »solchen Menschen« zusammengeschrumpft war, das wissen wir nicht. Von Righi verlassen, wurde Wilson immer anhänglicher an die Brownings. Sie erfüllte nicht nur die Pflichten einer Kammerzofe, sie buk auch Kuchen, schneiderte Kleider und wurde die ergebene Kinderfrau des kleinen Penini, so daß mit der Zeit das Kind selbst sie in den Rang der Familie erhob, wohin sie von Rechts wegen gehörte, und sich weigerte, sie anders als Lily zu nennen. Im Jahre 1855 heiratete Wilson den Diener der Brownings, Romagnoli, »einen braven, gutherzigen Mann«, und eine Zeitlang führten die beiden Haus für die Brownings. Aber 1859 übernahm Robert Browning »das Amt eines Vormunds über den Dichter Landor«, ein sehr heikles und verantwortungsvolles Amt, denn Landor war ein schwieriger Mann. »Von Zurückhaltung besitzt er nicht ein Körnchen«, schrieb Mrs. Browning, »und von Argwohn sehr viele.« Unter diesen Umständen wurde Wilson zu »seiner Duenna« ernannt, mit einem Gehalt von zweiundzwanzig Pfund im Jahr »außer dem, was von seiner Rente übrigbleibt«. Später wurde ihr Lohn auf dreißig Pfund erhöht, denn die Stelle einer Duenna bei »einem alten Löwen« zu versehen, der »die Impulse eines Tigers« hat, seinen Teller zum Fenster hinauswirft oder zu Boden schmettert, wenn ihm das Essen nicht schmeckt, und Dienstboten verdächtigt, Schreibtische zu öffnen, brachte, wie Mrs. Browning dazu bemerkte, »gewisse Fährlichkeiten mit sich, und ich für mein Teil möchte mich ihnen lieber nicht aussetzen«. Für Wilson aber, die Mr. Barrett und die Geister gekannt hatte, waren ein paar Teller mehr oder weniger, die durchs Fenster flogen, eine Sache von geringer Bedeutung – so etwas gehörte nun einmal zum täglichen Leben.

Dieses Leben, soweit es für uns noch wahrnehmbar ist, war gewiß seltsam. Ob es in einem abgelegenen englischen Dorf begann oder nicht, es endete in Venedig, im Palazzo Rezzonico. Dort wenigstens lebte sie noch 1897 als Witwe im Haus des kleinen Knaben, den sie aufgezogen und geliebt hatte, – Mr. Barret-Brownings. Ein sehr seltsames Leben war es gewesen, so mag sie wohl selber gedacht haben, wenn sie, eine schon recht alte Frau, träumerisch in dem roten venezianischen Sonnenuntergang saß. Ihre Freundinnen, mit Landarbeitern verheiratet, stolperten noch immer englische Heckenwege entlang, um einen Krug Bier zu holen. Sie aber war mit Miss Barrett nach Italien durchgebrannt; sie hatte allerlei Merkwürdiges gesehn – Revolution, Leibgardisten, Geister, Mr. Landor, wie er seinen Teller aus dem Fenster warf. Dann war Mrs. Browning gestorben – es kann nicht an Gedanken in Wilsons altem Kopf gefehlt haben, wenn sie des Abends am Fenster des Palazzo Rezzonico saß. Aber nichts könnte vermessener sein, als vorzugeben, daß wir zu erraten vermögen, von welcher Art sie waren, denn Wilson war typisch für die große Armee ihrer Schwestern, die unergründlichen, fast ganz stummen, fast ganz unsichtbaren Kammerzofen der Geschichte. »Ein ehrlicheres, treueres und liebevolleres Herz als Wilson läßt sich nicht finden« – die Worte ihrer Herrin mögen zu ihrer Grabschrift dienen.

S. 131

»Er war von Flöhen gepeinigt.« Es hat den Anschein, daß Italien um die Mitte des neunzehnten Jahrhunderts für seine Flöhe berühmt war. Ja sie halfen sogar Konventionen niederreißen, die sonst unübersteigbar waren. Zum Beispiel, als

Nathaniel Hawthorne in Rom (1858) zum Tee zu Miss Bremer kam, »sprachen wir von Flöhen – Insekten, die in Rom sich in jedermanns Geschäfte und Gewänder eindrängen und so verbreitet und unvermeidlich sind, daß man keine heiklen Bedenken kennt, der Leiden, die sie verursachen, Erwähnung zu tun. Die arme Miss Bremer wurde von einem geplagt, während sie uns den Tee einschenkte ...«

S. 138
»Nero war aus einem Fenster des obersten Stocks gesprungen.« Nero (ca. 1849–60) war, laut Carlyle, »ein kleiner kubanischer Zottelhund (Malteser? und im übrigen Mischling), größtenteils weiß – ein höchst zutunlicher, lebhafter, kleiner Hund, sonst von geringen Vorzügen und wenig oder gar keiner Erziehung«. Material für seine Lebensbeschreibung ist im Überfluß vorhanden, aber dies ist nicht die Gelegenheit, davon Gebrauch zu machen. Es genügt zu sagen, daß er gestohlen wurde, daß er Carlyle einen ans Halsband gebundenen Scheck zum Ankauf eines Pferdes brachte, daß »ich ihn zwei- oder dreimal ins Meer warf [bei Aberdour in Wales], was ihm gar nicht behagte«, daß er 1850 aus dem Bibliotheksfenster sprang und über die spitzigen Stäbe des Lichtschachtgeländers hinweg »platsch« auf den Gehsteig fiel. »Es war nach dem Frühstück«, erzählt Mrs. Carlyle, »und er hatte am offenen Fenster gestanden und die Vögel beobachtet ... Noch im Bett liegend, hörte ich durch die hölzerne Trennungswand Elizabeth aufschreien: ›O Gott! Oh, Nero!‹ und wie ein Sturmwind die Treppe hinunter und zur Haustür hinauseilen ... dann stürzte ich im Nachthemd ihr entgegen ... Mr. C. kam aus seinem Schlafzimmer herunter, das Kinn ganz voll Seife, und fragte: ›Ist Nero etwas geschehn?‹ – ›Ach, Sir, er *muß* sich alle seine vier

Beine gebrochen haben, er sprang aus *Ihrem* Fenster!‹ – ›Gott helfe mir!‹ sagte Mr. C. und ging zurück, um sich zu Ende zu rasieren.« Es waren jedoch keine Knochen gebrochen, und Nero blieb am Leben, wurde aber von einem Fleischerwagen überfahren und starb schließlich an den Folgen dieses Unfalls am 1. Februar 1860. Er liegt am obern Ende des Hintergartens in der Cheyne Row unter einer kleinen Steintafel begraben.

Ob er sich umbringen wollte oder nur, wie Mrs. Carlyle zu verstehn gibt, auf Vögel lossprang, das könnte Anlaß zu einer äußerst interessanten Abhandlung über Hundepsychologie sein. Manche sind der Ansicht, daß Byrons Hund aus Sympathie mit Byron gemütskrank wurde; andre, daß Nero durch sein Zusammenleben mit Carlyle zu hoffnungsloser Melancholie getrieben wurde. Die ganze Frage der Beziehungen von Hunden zum Geist des Zeitalters – ob es möglich wäre, den einen Hund elisabethanisch, den andern romantisch oder viktorianisch zu nennen, – in Verbindung mit dem Einfluß, den auf Hunde die Dichtung und Philosophie ihrer Herren hat, verdient eine eingehendere Erörterung, als sich hier unterbringen läßt. Vorläufig müssen Neros Beweggründe unaufgeklärt bleiben.

S. 148

»Sir Edward Bulwer-Lytton hielt sich für unsichtbar.« Mrs. Huth Jackson schreibt in *A Victorian Childhood:* »Lord Arthur Russell erzählte mir viele Jahre später, daß er als kleiner Junge von seiner Mutter nach Knebworth mitgenommen wurde. Am nächsten Morgen saß er in der großen Halle beim Frühstück, als ein wunderlich aussehender älterer Herr in einem abgetragenen Schlafrock hereinkam und, langsam um den Tisch schreitend, einen Gast nach dem andern anstarrte. Er hörte den Tischnachbarn seiner Mutter ihr zuflüstern: ›Schenken Sie ihm keine Beachtung, er hält sich für unsichtbar.‹ Es war Lord Lytton selbst.«

S. 157
»Nun war er tot.« Es ist ganz sicher, daß Flush starb, aber das Datum und die Art seines Todes sind unbekannt. Der einzige Hinweis besteht in dem Vermerk: »Flush erreichte ein hübsch hohes Alter und ist in den Kellergewölben der Casa Guidi begraben.« Mrs. Browning wurde auf dem englischen Friedhof in Florenz begraben, Robert Browning in der Westminsterabtei. Flush liegt also noch immer unter dem Haus, darin einst die Brownings lebten.

QUELLEN

Der Quellen für die vorstehende Lebensbeschreibung sind, das muß zugegeben werden, sehr wenige, aber der Leser, der die Tatsachen nachprüfen oder den Gegenstand weiter verfolgen möchte, sie verwiesen auf:

To Flush, My Dog. / *Flush, or Faunus* – Gedichte von Elizabeth Barrett A-Browning

The Letters of Robert Browning and Elizabeth Barrett Browning. 2 Bände, Deutsche Ausgabe: *Robert Browning und Elizabeth Barrett Browning,* Briefe, S. Fischer, Berlin 1907

The Letters of Elizabeth Barrett A-Browning, herausgegeben von Frederick Kenyon. 2 Bände

The Letters of Elizabeth Barrett A-Browning addressed to Richard Hengist Horne, herausgegeben von S. R. Townshend Mayer. 2 Bände

Elizabeth Barrett Browning, Letters to her Sister 1846–1859, herausgegeben von Leonard Huxley.

Elizabeth Barrett Browning in her Letters von Percy Lubbock.

Hinweise auf Flush finden sich in *Letters of Mary Russell Mitford,* herausgegeben von H. Chorley. 2 Bände

Die »Krähengeniste« sind in Thomas Beames, *The Rookeries of London,* 1850, beschrieben.

NACHWORT

Virginia Woolf gehört zu jenen Autoren, deren Los es ist, aus der Ferne bewundert zu werden – bewundert mehr als geliebt. Eine fragile, exzentrische Erscheinung von betonter Exklusivität nicht nur in ihrer Eigenschaft als Tochter eines berühmten viktorianischen Literaten und als Mittelpunkt des legendären Bloomsbury-Kreises, sondern auch in ihren literarischen Zielsetzungen und Mitteln. Sie habe mehr angeborenes Genie als solides Talent, hat der Kollege J. B. Priestley von ihr gesagt und hinzugefügt, sie sei ständig in Gefahr, den Kontakt mit dem zu verlieren, was man rechtens unter erzählender Prosa verstehe.

Das klingt nicht sehr freundlich, trifft aber, wenn auch mit falschem Akzent, ziemlich genau die besondere Position dieser außergewöhnlichen Schriftstellerin. Mit falschem Akzent insofern, als es Virginia Woolf um erzählende Prosa im Sinne Priestleys nie oder doch sehr selten gegangen ist. Im Gegenteil, ihre bedeutendsten Romane – ›Mrs. Dalloway‹ (1925), ›Die Fahrt zum Leuchtturm‹ (1927) und ›Die Wellen‹ (1931) – sind eine entscheidende Absage an ein Erzählen, das unbeirrt darauf vertraut, die »feste Substanz« des Daseins in Gestalt einer plausiblen Story realistisch beschreibend vermitteln zu können. In ihnen geht vielmehr ein neues Realitätsbewußtsein, der Begriff einer aufgelösten, fluktuierenden Wirklichkeit in seine ästhetischen Konsequenzen.

Für Virginia Woolf steht der Mensch im farbigen Regen der Impressionen. Flutwellen der Erinnerung gehen über ihn hin. Natur und Dinge sprechen als Gleichberechtigte zu ihm – geschwisterlich und mit vertrauter Stimme. Eingesponnen in ein Netzwerk von Assoziationen, wird er zum Träger von Erfahrungen, die über das Ich und den Augenblick hinausgreifen. Man versteht, daß ein Mann wie William Butler Yeats angesichts des Romans ›Die Wellen‹ die Behauptung wagte, er drücke als erzählende Dichtung das aus, was für die moderne Physik die »Wellenenergie des Universums« sei.

Innerhalb eines Œuvres von solcher Avanciertheit nimmt ›Flush‹, die Geschichte oder, wie die Verfasserin ihre Erzählung mit ironischer Ernsthaftigkeit nennt, die ›Biographie‹ des Cockerspaniels der englischen Lyrikerin Elizabeth Barrett-Browning, eine Sonderstellung ein. Das schmale Buch, obwohl nach seinem eigenen Maß vollkommen, steht außerhalb der ein wenig hochmütigen Esoterik ihrer Hauptwerke – oder scheint es doch zu tun. Nach der erschöpfenden Anstrengung, die der Roman ›Die Wellen‹ für sie bedeutete, habe sie, notiert Virginia Woolf später in ihrem Tagebuch, Zuflucht bei der Arbeit an ›Flush‹ gesucht, ganz so, wie man »einfach auf einer Bank sitzen und Steine werfen möchte«; und wirklich geht ihr das Schreiben anfangs leicht von der Hand.

Dann aber, nach vier Monaten rascher Arbeit (»far the quickest going of any of my books«), muß sie sich – im Dezember 1932 – eingestehen, daß sie mit dem Geschriebenen nicht zufrieden ist. Unmutig spricht sie von der Zeitvergeudung, die »that silly book ›Flush‹« für sie bedeute, und klagt, sie habe allein ein bestimmtes Kapitel (»that Whitechapel scene«) dreimal schreiben müssen. Als das Buch dann endlich fertig ist und im Herbst 1933 erscheint, fürchtet sie – den Erfolg. Man werde es »bezaubernd, delikat, ladylike« finden, ihm also eine Art von Lob spenden, das sie mit Sicherheit deprimiere. Und als sei das der schrecklichste der Schrecken, spricht sie die Befürchtung aus, die Hundegeschichte werde am Ende gar »populär« werden.

So ungefähr ist es dann auch gekommen und geblieben. Doch sowenig uns daran liegen kann, ›Flush‹ auf Kosten ihrer großen Romane herauszustreichen – die ein wenig herablassende Haltung, die die Autorin dem vermeintlichen Nebenwerk gegenüber einnahm und die auch manche Interpreten einnehmen, ist nicht berechtigt. Denn paßt auf eine bescheidenere Art nicht auch ›Flush‹ sehr wohl in Virginia Woolfs stolzes Programm? Wenn die Entgrenzung des Einzelwesens, seine Befreiung aus dem Gesondertsein des Individuellen, seine Überführung in eine bewußt erlebte All-Menschlichkeit, ja All-Lebendigkeit ihr Ziel war, dann mußte auch die Kreatur ein Teil dieser umfassenden Erfahrung werden. »Als unermeßlich aufnahmefähig, alles enthaltend, von Fülle erbebend, doch klar und gefaßt, so erscheint mir mein Wesen« – ›Flush‹ ist die heitere Probe auf dieses exemplarische Bekenntnis. Denn so solide – solide nicht nur im Sinne Priestleys – das kleine Werk auch gearbeitet ist, so nachdrücklich es sich auf authentisches Material stützt (insbesondere auf die Briefe Elizabeth Barrett-Brownings), so sehr es sich mit Anmerkungen und Quellennachweisen einer allerdings von Ironie nicht freien wissenschaftlichen Attitüde befleißigt – der eigentliche Geniestreich des Buches sind doch die Passagen, in denen die Dichterin keinen Unterschied mehr gelten läßt zwischen der menschlichen und der »hündischen« Perspektive, in denen sie Flush nicht nur beschreibt, sondern selber Flush wird.

Welterfahrung mit den Mitteln eines anders als menschlichen, eines ihm sowohl unter- als auch überlegenen Sensoriums – das ist es, was Virginia Woolf an dem Stoff vor allem gereizt haben mag und was sie in der Tat triumphal verwirklicht hat. Es gibt da Szenen ganz ohne Vergleich. Etwa wenn Flush zum erstenmal, »liebkost vom Sinnenreiz dikken Teppichflors«, aber auch irritiert vom scharfen Duft des Kölnischwassers, in den Raum geführt wird, den er nun für Jahre mit seiner kränklichen und ihm auf geheimnisvolle Art ähnlichen Herrin teilen soll. Oder das gewaltige Abenteuer seines ersten Ausflugs in die Unendlichkeit der Stadt London mit ihren bitteren, dampfenden, die Sinne umnebelnden Gerüchen.

Spaniels seien von Natur mitfühlend, läßt uns die Erzählerin wissen. Flush jedoch ist mehr, er besitzt »eine sogar übermäßige Empfindungsfähigkeit für menschliche Gefühle«; und so kann es nicht ausbleiben, daß er zu einem Teil des Lebens seiner Herrin wird. Aber es gibt auch Mißverständnisse zwischen ihnen. Denn trotz ihres dichterischen Ingeniums kann Miss Barrett nicht ahnen, was etwa ein nasser Regenschirm für Flush bedeutet, »welche Erinnerungen an Wälder und Papageien und trompetende wilde Elefanten er heraufrief«; ebensowenig wie Flush je begreift, weshalb Miss Barrett unentwegt mit einem dünnen Stift über ein Blatt Papier fährt. Und dann das Erscheinen Robert Brownings! Wie Flush aus der veränderten Tonlage, aus dem ungewohnten Intensitätsgrad des Gesprächs – »es floß und plätscherte nicht, wie Gespräch gewöhnlich floß und plätscherte, es sprang und sprühte« – eine Gefahr für sein Liebesmonopol herauswittert. Wie er diesen Mr. Browning mit den gelben Handschuhen zuerst haßt, bis er versteht, daß Miss Barrett und Mr. Browning *eine* Person sind, daß es also nicht angeht, die eine zu lieben und den andern zu beißen.

Selbstverständlich ist Flush auch mit von der Partie, als die Brownings vor der Tyrannei des alten Mr. Barrett nach Italien entweichen. Hier erst gelangt er, nicht anders als seine Herrin, ganz zum Gefühl seiner selbst; und hier auch entzückt Virginia Woolf uns noch einmal mit einer Darstellung jener eben mehr als menschlichen Fähigkeit ihres Helden, ein Stück Welt mit der Nase zu erobern. Wahrhaftig, Flush kannte Florenz, »wie kein Mensch es je kannte; wie weder Ruskin noch George Eliot es je kannten«. Und der Grund? »Er kannte es, wie nur die Stummen es kennen; nicht eine einzige seiner tausendfältigen Sinnesempfindungen erlitt je die Entstellung durch Worte.«

Virginia Woolf hat oft geklagt, daß es ihr wohl gelinge, Situationen zu schaffen, nicht jedoch »plots«. Aus dieser fatalen Verpflichtung ist sie im Falle ›Flush‹ entlassen. Hier hat sie ein Thema, in dessen Schutz sie sich, wenn auch in humoristischer

Tarnung, ganz den Wundern und Wonnen der Selbstüberschreitung überlassen und jenem von ihr gern zitierten »Schauer der Atome« nachspüren kann, der unablässig auf uns niedergehe und der unser eigentliches Leben ausmache. Erkenntnis als sinnliche Erfahrung oder umgekehrt: sinnliche Erfahrung als ein Instrument der Erkenntnis – diese Grundüberzeugung Virginia Woolfs hat in ›Flush‹ ihre liebenswürdigste künstlerische Verwirklichung gefunden.

Günter Blöcker